交通运输行业高层次人才培养项目著作书系

公路路面同步纤维磨耗层技术研究与应用

侯芸 董元帅 刘文晶 王勇 杨思宇 编著

人民交通出版社

北京

内 容 提 要

公路路面同步纤维磨耗层技术是一种新型的路面预防性养护方式,结合同步薄层罩面与微表处两种技术的优点,通过添加纤维来增强稀浆混合料的黏聚性、喷洒高性能乳化沥青来提高层间黏结效果,从而提高冷拌冷铺磨耗层的耐久性,延长路面的使用寿命。本书针对公路路面同步纤维磨耗层技术的研发及工程应用的主要技术问题,依据笔者所在研发团队近 10 年的专项技术攻关和实体工程的工作经验,从高性能改性乳化沥青的开发、纤维稀浆混合料设计、同步施工工艺研究、施工质量控制及施工专用设备研发等方面建立了同步纤维磨耗层成套技术体系。

本书可供公路工程领域的科研、技术和养护管理人员参考,也可供高等院校道路工程专业的研究生参考使用。

图书在版编目(CIP)数据

公路路面同步纤维磨耗层技术研究与应用／侯芸等编著. — 北京：人民交通出版社股份有限公司,2024.10
ISBN 978-7-114-19518-1

Ⅰ.①公… Ⅱ.①侯… Ⅲ.①路面面层—公路养护—研究 Ⅳ.①U418

中国国家版本馆 CIP 数据核字(2024)第 087175 号

Gonglu Lumian Tongbu Xianwei Mohaoceng Jishu Yanjiu yu Yingyong

书　　名：	公路路面同步纤维磨耗层技术研究与应用
著 作 者：	侯　芸　董元帅　刘文晶　王　勇　杨思宇
责任编辑：	潘艳霞
责任校对：	赵媛媛　卢　弦
责任印制：	刘高彤
出版发行：	人民交通出版社
地　　址：	(100011)北京市朝阳区安定门外外馆斜街 3 号
网　　址：	http://www.ccpcl.com.cn
销售电话：	010-85285857
总 经 销：	人民交通出版社发行部
经　　销：	各地新华书店
印　　刷：	北京市密东印刷有限公司
开　　本：	787×1092　1/16
印　　张：	11
字　　数：	196 千
版　　次：	2024 年 10 月　第 1 版
印　　次：	2024 年 10 月　第 1 次印刷
书　　号：	ISBN 978-7-114-19518-1
定　　价：	90.00 元

(有印刷、装订质量问题的图书,由本社负责调换)

交通运输行业
高层次人才培养项目著作书系

编审委员会

主　　任：杨传堂

副主任：戴东昌　周海涛　徐　光　王金付

　　　　陈瑞生(常务)

委　　员：李良生　李作敏　韩　敏　王先进

　　　　　石宝林　关昌余　沙爱民　吴　澎

　　　　　杨万枫　张劲泉　张喜刚　郑健龙

　　　　　唐伯明　蒋树屏　潘新祥　魏庆朝

　　　　　孙　海

书系前言
PREFACE OF SERIES

进入21世纪以来,党中央、国务院高度重视人才工作,提出人才资源是第一资源的战略思想,先后两次召开全国人才工作会议,围绕人才强国战略实施做出一系列重大决策部署。党的十八大着眼于全面建成小康社会的奋斗目标,提出要进一步深入实践人才强国战略,加快推动我国由人才大国迈向人才强国,将人才工作作为"全面提高党的建设科学化水平"八项任务之一。十八届三中全会强调指出,全面深化改革,需要有力的组织保证和人才支撑。要建立集聚人才体制机制,择天下英才而用之。这些都充分体现了党中央、国务院对人才工作的高度重视,为人才成长发展进一步营造出良好的政策和舆论环境,极大激发了人才干事创业的积极性。

国以才立,业以才兴。面对风云变幻的国际形势,综合国力竞争日趋激烈,我国在全面建成社会主义小康社会的历史进程中机遇和挑战并存,人才作为第一资源的特征和作用日益凸显。只有深入实施人才强国战略,确立国家人才竞争优势,充分发挥人才对国民经济和社会发展的重要支撑作用,才能在国际形势、国内条件深刻变化中赢得主动、赢得优势、赢得未来。

近年来,交通运输行业深入贯彻落实人才强交战略,围绕建设综合交通、智慧交通、绿色交通、平安交通的战略部署和中心任务,加大人才发展体制机制改革与政策创新力度,行业人才工作不断取得新进展,逐步形成了一支专业结构日趋合理、整体素质基本适应的人才队伍,为交通运输事业全面、协调、可持续发展提供了有力的人才保障与智力支持。

"交通青年科技英才"是交通运输行业优秀青年科技人才的代表群体,培养选拔"交通青年科技英才"是交通运输行业实施人才强交战略的"品牌工程"之一,1999年至今已培养选拔282人。他们活跃在科研、生产、教学一线,奋发有为、锐意进取,取得了突出业绩,创造了显著效益,形成了一系列较高水平的科研成果。为加大行业高层次人才培养力度,"十二五"期间,交通运输部设立人才培养专项经费,重点资助包含"交通青年科技英才"在内的高层次人才。

人民交通出版社以服务交通运输行业改革创新、促进交通科技成果推广应用、支持交通行业高端人才发展为目的,配合人才强交战略设立"交通运输行业高层次人才培养项目著作书系"(以下简称"著作书系")。该书系面向包括"交通青年科技英才"在内的交通运输行业高层次人才,旨在为行业人才培养搭建一个学术交流、成果展示和技术积累的平台,是推动加强交通运输人才队伍建设的重要载体,在推动科技创新、技术交流、加强高层次人才培养力度等方面均将起到积极作用。凡在"交通青年科技英才培养项目"和"交通运输部新世纪十百千人才培养项目"申请中获得资助的出版项目,均可列入"著作书系"。对于虽然未列入培养项目,但同样能代表行业水平的著作,经申请、评审后,也可酌情纳入"著作书系"。

高层次人才是创新驱动的核心要素,创新驱动是推动科学发展的不懈动力。希望"著作书系"能够充分发挥服务行业、服务社会、服务国家的积极作用,助力科技创新步伐,促进行业高层次人才特别是中青年人才健康快速成长,为建设综合交通、智慧交通、绿色交通、平安交通做出不懈努力和突出贡献。

交通运输行业高层次人才培养项目
著作书系编审委员会
2014年3月

前　言
PREFACE

"十四五"以来,我国公路养护里程占公路总里程的99.9%,为使建成的公路发挥应有的经济与社会效益,《"十四五"公路养护管理发展纲要》强调全面落实"公路建设是发展,公路养护管理也是发展,而且是可持续发展"的理念,养护是建设的延续,良好的养护可以有效延长公路使用寿命,降低全寿命周期成本。巨大的养护需求推动了预防性养护技术的发展,本书的编写符合当今公路养护行业对于预防养护的要求,能够有效改善和维护公路基础设施状态、延缓其性能过快衰减。本书旨在系统介绍公路路面同步纤维磨耗层技术,以期为公路工程领域的技术人员和相关从业者提供可行的公路路面预防性解决方案和技术支持。

为解决目前国内常用的微表处技术存在的两大缺陷:脱皮和掉粒病害,本书依托黑龙江省交通运输厅科技项目"同步纤维磨耗层技术研究与应用",开发了同步纤维磨耗层技术,从技术的适用性、专用材料研发、混合料设计到施工专用设备、施工工艺及质量控制等方面首次建立了同步纤维磨耗层成套技术体系,填补了国内冷拌冷铺类同步施工技术的空白。该技术通过喷洒高黏乳化沥青和添加纤维的方式来解决微表处技术自身黏聚力不足和与旧路表面黏附性不足的问题,并利用与中交西安筑路机械有限公司共同研发的国内首台专用设备,将黏层的喷洒、纤维的切割、稀浆混合料的拌和与摊铺工艺同步实施,从而校正路表缺陷,改善行驶质量,提高服务水平,延长路面使用寿命。由于该技术具有适用性强、施工快速、等效年度费用少、服务周期长、使用效果好等优势,故适用于各等级公路及交通量大的路面养护。基于齐泰高速公路、海南省国省干线灵文加线、海榆西线的工程应用实例,对同步纤维磨耗层技术工程应用进行介绍,并分析经济和社会效益,为公路工程领域的技术创新和实践提供理论指导和实践借鉴。该科技成果被鉴定为国际领先水平,先后获中国公路学会科技进步二等奖、中国交建科技进步二等奖、黑龙江省科技进步三等奖,成功入选交通运输部重大科技创新成果库、中国交建节能环保与循环经济示范项目,获得行业优秀工法1部,发布行业标准《公路同步纤维磨耗层技术规范》(DB23/T 2601—2020)和团体标准《公路同步纤维磨耗层设计与施工技术规范》(T/CECS G:M53-04—2022)。

在该技术工程应用环节中,肖利明、樊云龙、田佳磊、仝鑫隆、吕秀明等针对材料性能及施工工艺优化提出了宝贵建议、提供了相关现场数据,同时,中交西安筑路机械有限公司刘士杰、梁新文、苏翔涛等是同步摊铺设备的主要研究人员,在此一并感谢。

本书编写历时四年有余,其间作者所在研发团队针对高性能乳化沥青性能的优化、再生材料的尝试、材料组成及施工工艺优化等方面均做了有益的尝试,但因种种原因未能一并呈现,期待与感兴趣的同行开展具有建设性的讨论。对于书中的纰漏,恳请广大同行批评指正。

作　者
2024年6月30日于北京

目　录
CONTENTS

第1章　绪论

1.1　沥青路面预防性养护技术发展背景及意义 …………………… 002

1.2　薄层罩面技术 …………………………………………………… 005

1.3　微表处技术 ……………………………………………………… 008

1.4　预防性养护技术需求分析 ……………………………………… 011

第2章　纤维增强技术在预防性养护中的应用

2.1　纤维对沥青的增强机理 ………………………………………… 014

2.2　纤维微表处技术 ………………………………………………… 018

2.3　超黏磨耗层技术 ………………………………………………… 022

2.4　同步纤维磨耗层简介 …………………………………………… 024

第3章　改性乳化沥青制备工艺及性能测试

3.1　乳化沥青工作原理 ……………………………………………… 036

3.2　改性乳化沥青 …………………………………………………… 040

3.3　高性能改性乳化沥青原材料配伍设计 ………………………… 044

3.4　拌和用改性乳化沥青配方设计 ………………………………… 050

3.5　改性乳化沥青技术标准 ………………………………………… 053

第4章 纤维磨耗层混合料配合比设计

4.1 原材料的技术要求和指标 ········· 056
4.2 同步纤维磨耗层矿料级配 ········· 061
4.3 混合料设计 ········· 067
4.4 混合料性能技术要求及评价方法 ········· 071
4.5 混合料设计示例 ········· 072
4.6 纤维磨耗层混合料性能 ········· 074
4.7 纤维磨耗层与普通微表处的性能对比 ········· 083

第5章 SBS改性乳化沥青层间黏结性能

5.1 层间黏结强度的影响因素 ········· 086
5.2 黏层材料的性能要求 ········· 087
5.3 黏层用改性乳化沥青配方设计 ········· 090
5.4 SBS改性乳化沥青黏结性能试验研究 ········· 095

第6章 同步纤维磨耗层施工装备

6.1 同步施工设备介绍 ········· 100
6.2 机械设备发展趋势 ········· 101
6.3 NS9同步纤维磨耗封层车 ········· 102
6.4 车辆机械结构 ········· 105
6.5 NS9同步纤维磨耗层车技术特点及创新 ········· 112

第7章 同步纤维磨耗层施工及质量控制

7.1 原路面的技术要求 ········· 116
7.2 施工工艺 ········· 117
7.3 施工质量控制 ········· 119

7.4 竣工验收质量标准 …………………………………………………… 120

第8章 同步纤维磨耗层的工程应用

8.1 预防性养护决策 …………………………………………………… 124
8.2 齐泰高速公路养护工程的应用 …………………………………… 131
8.3 海南省国省干线的应用 …………………………………………… 142
8.4 工程效益分析 ……………………………………………………… 158

参考文献

第 1 章

绪论

1.1 沥青路面预防性养护技术发展背景及意义

沥青路面是一种无接缝的连续式路面,具有足够的力学强度,能适应各类行车荷载,保证行车平稳、舒适,具有噪声低以及便于维修的特点,在公路路面中占有很大比例。过去十几年间,全国公路建设蓬勃发展,路网密度大幅提升。但受传统的"重建轻养"观念影响,加之超载严重等种种原因,路面存在隐患多,特别是沥青路面表面功能的衰减严重,如路面平整度下降,抗滑性能不足,路表出现裂缝、麻面、泛油、沥青老化及路面渗水等病害(图1-1)。这类整体结构并未破坏,只是表面不再具有预期功能的沥青路面,亟待维修养护。

a)路面坑槽　　　　　　　　　　　　b)路面车辙

图1-1　沥青路面坑槽病害

《2022年交通运输行业发展统计公报》显示,到2022年末,全国公路总里程已达到535.48万km,比上年末增加7.41万km。公路密度55.78km/100km²,增加0.77km/100km²。公路养护里程535.03万km,占公路总里程的99.9%,如图1-2所示。公路建设是创造财富,养护管理则是保护财富。养护是建设的延续,良好的养护可以有效延长公路使用寿命,降低全寿命周期成本。为使建成的公路发挥应有的经济与社会效益,交通运输部提出继续坚持"建设是发展,养护管理也是发展,而且是可持续发展"的理念,把各项养护管理工作措施落到实处;强调公路发展要"建养并重",防止"重建轻养"的偏向;在公路养护技术政策中,明确指出"预防为主、防治结合",即:要防微杜渐,防患于未然,通过路面评价管理系统,建立公路数据库,做到科学地预测防范,消除导致公路病害的因素,增强公路的耐久性与抗灾能力。

图 1-2　2017—2022 年全国公路总里程及公路密度

高速运转的交通运输网络依靠路网支撑,庞大路网的健康通畅关乎国民经济的命脉。通过公路养护手段,提升公路服务水平和延长服务寿命,对于促进区域经济发展会起到十分重要的作用。随着我国公路网的逐步形成和完善,具有预防型、周期型的科学化、现代化养护技术已经提上日程。合理的养护理念和技术措施将会使有限的养护费用发挥更大的作用。

现有路面养护策略分为预防养护和修复养护两种。

预防养护是通过定期的路况调查,及时发现路面轻微破损与病害迹象,分析研究其产生原因,对症采取预防性养护措施。这可以防止病害进一步扩大,延缓路面使用性能的消退,使路面处于良好的服务状态,从而延长路面的使用寿命。其实质是一种周期性的强制保养措施:一是在更长时间内让公路性能保持良好状态,延缓产生病害的时间,在不增加结构承载力的前提下改善系统的功能状况;二是在恰当的时间,用适宜的方法,对合适的路段进行养护。

修复养护是公路出现病害后,进行修补养护。病害路面常常零星分散、线长、面广、施工烦琐、功效低、使用成本高。因此,在公路养护技术发展中,发达国家普遍采用预防性养护技术措施,即根据路面中结合料沥青性能随行车年限变化的规律,在其将要出现但尚未出现病害或严重病害之前,进行预防性养护,做到防患于未然,从而使沥青路面持续保持良好的服务状态。采用预防性养护技术措施,不仅大幅度节省直接工程费用,而且可以带来良好的社会效益。

如图 1-3 所示,美国公路战略研究计划(SHRP)的研究成果表明,如果能及时采取正确的预防性养护措施,在预防性养护工程上花费 1 美元,可以节省以后 4~5 美元的翻修费用,并延迟路面重建时间达五六年之久。因此,在路面出现明显破坏之前,在恰当的时间对路面采用合理的预防性养护措施,可以在较长时间内使路面性能处于较好的状态。否则,路面性能将较快地下降到较坏的水平,如图1-4所示。

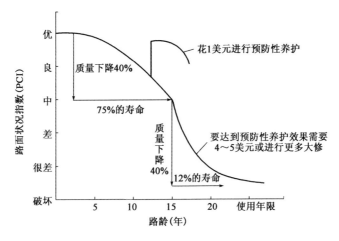

图1-3 路面状况指数(PCI)随路龄的变化

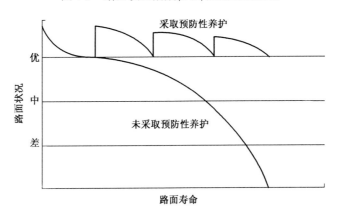

图1-4 采取与未采取预防性养护时的路面性能曲线

由此可见,养护是建设的延续,科学的养护手段能够有效延长道路使用寿命,也是降低养护成本、提高路面使用性能和路网通行能力的有效途径,并能够降低其全寿命周期成本,同时减少资源、能源的消耗。随着社会经济发展,道路交通量增大、轴载增加及气候环境变化等原因,使得养护工程对公路养护的时机和养护技术的要求逐步提高,发展和推动新型公路养护技术的应用迫在眉睫。

据此,本书介绍了公路养护中常见的薄层罩面与微表处养护技术(简称"微表处")及其基于纤维增强理论发展演变而来的纤维微表处养护技术(简称"纤维微表处")和超黏磨耗层技术,分析了以上养护方法的技术特性和优缺点,并着重介绍了一种优良的同步防水黏结层配合同步纤维磨耗层技术,详细讲解了该技术的适用范围、材料技术标准与制备方法、室内配合比设计方法及路用性能、再生材料利用方式、配套车辆设备的构造功能和施工质量控制要求。在此基础上,介绍了同步纤维磨耗层在齐泰高速公路及海南省国省干线上的实际应用。同步纤维磨耗层技术实现沥青路面快速、安全、高效、环保预防性养护,与前文所述的几种预防性养护技术相比,具有强度高、耐久性好、降噪节能、施工环境适应性强的巨大优势。此外,该技术能有效提升公路养护质量,延长公路使用寿命,降低公路综合建养成本与碳排放量,为贯彻落实碳达峰、碳中和的重大战略决策提供了技术支撑。

1.2 薄层罩面技术

1.2.1 薄层罩面介绍

薄层罩面(厚度为 25~40mm)是一种热拌沥青混合料路面磨耗层,与传统的路表磨耗层和石屑封层技术相似但不相同。薄层罩面可用于修复路表非结构性损伤的裂缝和车辙,提高路面的平整度和抗滑性能,改善旧路面老化状况,延长路面使用期限。国外工程实践证明:薄层罩面技术作为一种预防性养护措施,与微表处相比,可延长高速公路路面使用寿命至少6年。

沥青薄层罩面技术最早起源于20世纪60年代的法国。研究人员最早使用连续集配的沥青混合料与作为层间黏结剂的乳化沥青结合在一起,开发出了沥青罩面技术,其主要作用就是保护原有路面、延长路面使用寿命。起初,研究人员将罩面厚度定为40mm,后因技术与材料进步以及经济因素,罩面的厚度逐渐减小。20世纪80年代,法国开始采用间断级配的沥青混合料,罩面的厚度也减小到了20~25mm。到了20世纪90年代,在采用了特殊改性沥青以及纤维之后,罩面厚度又进一步减小至15~20mm。

我国对薄层罩面厚度的规定与国外略有不同。《公路沥青路面养护技术规范》(JTG 5142—2019)规定,功能性罩面可采用铺筑厚度小于25mm 的超薄罩面、不小于25mm 且小于40mm 的薄层罩面和不小于40mm 且小于60mm 的罩面。并规定,铺筑厚度小于40mm 的功能性罩面可作为预防养护措施。

经过不断地推广应用和技术革新,按设计思路的不同,薄层罩面可分为以下几种:

①沥青玛琋脂(SMA)类及其发展出的薄层工艺,即骨架密实类,如沥青玛琋脂(SMA)、碎石沥青混凝土(SAC)、超薄沥青混凝土(UTAC);②法国半粗式沥青混凝土(BBSG)及其发展出的工艺,即半开级配类,如薄层沥青混凝土(BBM)、特薄沥青混凝土(BBTM)等以及由此发展出的同步摊铺工艺的Novachip系列产品;③摊铺厚度可控制在25mm的细粒式沥青混合料(AC-5、AC-8、AC-10等以及SUP-5、SUP-10)。

与新建路面结构层强调承受荷载、耐久性的设计思路不同,薄层罩面工艺的设计思路主要是针对路面表层的功能性养护,强调路面表层的使用功能。薄层罩面预防养护技术要求原有加铺路面不应存在需要修复的结构性破坏,同时也不应存在较为严重的路面病害。作为公路预防性养护措施,沥青罩面为原路面提供了一层性能优异的抗滑降噪磨耗层,使路面原有破坏得到有效治理,延长了公路使用寿命。其具体表现包括:①有效修补原路面病害,提升原路面使用寿命;②部分沥青薄层罩面具有较强的承载能力,能很好地适应较大的车辆荷载;③抗滑降噪等表现优异,能有效提升行车安全性和舒适性;④施工灵活,可以根据实际工程需求灵活调整罩面厚度;⑤经济实惠,能以较低的成本为原路面延续较长的使用寿命;⑥快速开放交通,对交通影响较小。

1.2.2 薄层罩面施工工艺

薄层罩面按照施工工艺可以分为同步施工和异步施工。

同步施工指采用一台专用施工设备,同步完成黏结层材料的喷洒和罩面层热拌沥青混合料的摊铺。然而,将同步施工仅理解为由一台摊铺机同步完成黏结材料的喷洒和热沥青混合料的摊铺是不够的,同步施工沥青混凝土磨耗层的核心在于利用热混合料的热量促使改性黏结层材料破乳,破乳后乳液上升封闭下部空隙,从而形成上部具有耐磨、排水、降噪功能的磨耗层,下部具有防水、封闭裂缝功能的沥青膜。这样不仅可以使罩面层混合料立即与刚喷洒的黏结层材料充分接触,增强了层间黏结性能,并且还能提高作业生产率。

异步施工指黏结层材料的喷洒和罩面层混合料的摊铺按施工次序先后进行。要求乳化沥青喷洒后黏附性相对较弱,待缓慢破乳后黏附性再逐渐增强,以避免运料车等施工机械设备碾压带走部分乳化沥青。而在异步施工中,喷洒完黏层材料乳化沥青或非乳化沥青后,为了防止摊铺机行走在摊铺罩面层混合料上或其他施工车辆驶过时对黏层造成破坏或黏层材料粘到车胎上,保护此沥青膜在施工过程中不被破坏,建议在黏层材料上撒布少量碎石,碎石粒径应与其上铺筑的罩面层混合料粒径相匹配。当摊铺罩面层混合料时,热拌混合料填充到碎石之间的缝隙中,使得沥青膜受热熔化,碾压密实后,形成了薄沥青混凝土,显著增强了层间黏结力,同时还起到防水的作用。

薄层罩面同步施工和异步施工在核心施工工艺方面有本质区别,因此,在混合料设计体系和施工控制方面存在实质性差别。

同步施工包含三个方面的重要技术,一是摊铺设备,二是特殊的黏结材料,三是混合料设计技术,设备必须有能力将改性乳化沥青的喷洒和热沥青混合料的摊铺同时进行。此外,能够让薄层的热混合料快速就位,并达到设计厚度的要求;黏结材料要能够快速破乳且迅速恢复黏结能力,并能够在高温下上升到混合料的空隙中;混合料设计要求有足够的空间来允许水分蒸发,且能够有空间容纳上升的乳化沥青,并确保铺筑后的磨耗层不发生泛油或掉料等病害。

与异步施工相比,同步施工薄层罩面具有摊铺速度快(为常规摊铺机的 5~10 倍),工期短,开放交通快,用户延误小,节约施工成本的优势。同步薄层混凝土磨耗层的工期约为传统罩面的五分之一,可显著节约社会成本。

1.2.3 薄层罩面技术特点

当然,沥青薄层罩面技术并不是完美的,作为路面预养护措施,与其他技术相比,沥青薄层罩面技术也有一些缺点。①压实温度难控制。薄层罩面的厚度较薄,导致铺层在铺筑施工时混合料的散热相对一般摊铺层更快,实际操作中不能准确判断适宜的碾压时间。过低的压实温度会造成压实不足,导致空隙率偏大、罩面层强度不足、产生车辙和沉陷等不良后果。若为达到目标压实度而盲目增大碾压遍数,集料之间的嵌挤作用则会因为石料压碎、棱角磨损而遭到破坏,薄层罩面在服役期则更容易出现影响道路服务水平和使用寿命的车辙、裂缝等病害;若压实温度过高,除了造成混合料过度压实,易出现失稳、泛油等问题外,还加速了沥青的老化,降低道路行车安全性的同时缩短了道路的使用寿命。②施工时节受限。阴雨与低温季节是热沥青施工的不利季节,也是沥青路面发生病害较多的季节。沥青路面路况常在不利天气下急速下降,而常规热拌料对施工环境要求较高,即使出现病害也无法及时修补,导致病害进一步扩大,甚至对路面造成结构性破坏,大大增加养护资金及后期的养护压力。③沥青薄层罩面施工时,采用热沥青施工,为了保证施工质量,需要对材料进行重复及持续加温,期间不仅消耗大量燃料,排放大量二氧化碳等温室气体,且高温下混合料散发的沥青烟中含有大量有害物质,对环境污染严重。

1.3 微表处技术

1.3.1 微表处简介

沥青路面微表处养护技术是预防性养护另一个重要技术手段，也是稀浆表面处理方法的一种。微表处是采用机械设备将聚合物改性乳化沥青、粗细集料、填料、水和添加剂等按照设计配合比拌和成稀浆混合料摊铺到原路面上，形成具有高抗滑和耐久性能的薄层，并能很快开放交通的养护技术。其原理是，利用聚合物改性沥青作为黏合材料，利用由级配集料、乳化沥青、高分子聚合物和其他添加剂、填料和水所组成的混合料，在摊铺后形成一个新的薄层结构。

微表处技术源于 20 世纪 60 年代末至 70 年代初的德国。当时，德国的科学家用传统的稀浆做试验，通过增加稀浆的厚度，寻找在狭窄的车道上填补车辙，同时不破坏昂贵道路标线的方法。德国科学家使用精心挑选的沥青及其混合物，加入聚合物和乳化剂，摊到深陷的车辙上，形成了稳定牢固的面层，这项应用后来演变出微表处技术。

微表处技术出现以后，首先在欧洲迅速得到推广，并于 20 世纪 80 年代进入美国，并在美国得到了广泛应用，每年的使用量都在稳定地增长，仅 2005 年，美国微表处使用量就达 2 亿 m^2，是整个欧洲的两倍。微表处在高速公路的维修养护中，尤其是市政工程中的使用越来越普遍，并逐步取代了普通稀浆封层。

国际稀浆封层协会(ISSA)在原来《稀浆封层推荐性能标准》(ISSA A105)的基础上，制定了《微表处实施细则》(ISSA A143)，对微表处原材料、设计、试验、质量控制、施工等作了全面的规定，促进了稀浆封层和微表处技术在全世界范围内的发展。美国沥青协会(AI)制定了《稀浆封层施工手册》，美国材料和试验协会(ASTM)制定了《稀浆封层混合料试验和施工规范》(ASTM D3910)和《微表处设计试验验和施工规范》(ASTM D6372)；日本乳化沥青协会(JEAAS)制定了《微表处技术指南》，这些都为微表处和稀浆封层施工的规范化提供了足够的依据，极大地推动了稀浆封层和微表处技术的发展和应用。

我国于 1999 年开始对微表处技术进行研究，2000 年将微表处技术开发列入国家经贸委组织的国家技术创新计划。同年 9 月，在太旧高速公路上铺筑了 8km 的微表处试验段，在山东潍坊至高青一级公路上铺筑了 6km 微表处试验段。2001 年，微表处技术被列入交通部西部交通建设科技项目计划,在四川、内蒙古、天津、上海、辽宁等地相继铺筑了大量试验路。

据不完全统计,自2000年我国首次使用微表处技术以来,取得了很好的使用效果。例如,江苏省的宁沪高速公路、京沪高速公路等都在养护工程中大量使用微表处罩面,对延缓路面病害的发生发展、延长路面使用寿命起到了积极作用;安徽省大量使用微表处进行高速公路沥青路面车辙修复,有效地恢复了路面平整,显著改善了行车安全;福建省高速公路大量使用微表处罩面,对预防和延缓沥青路面水损害的发生、发展起到了积极作用;浙江省在高速公路隧道道面中使用微表处技术,有效减少了交通事故数量。

《公路沥青路面施工技术规范》(JTG F40—2004)对微表处的定义、原材料的技术要求、设计方法、技术指标和要求、施工过程等作了规定,对微表处在我国的推广应用及发展进行了指导与规范。2006年,为了促进微表处和稀浆混合料在公路建设和养护中的应用,交通部公路科学研究院组织编写了《微表处和稀浆封层技术指南》一书,该书的出版,对微表处技术在我国的推广应用及发展提供了指导和借鉴作用。《公路沥青路面养护设计规范》(JTG 5421—2018)规定了微表处的应用条件,《公路沥青路面养护技术规范》(JTG 5142—2019)更详细地规定了微表处原材料技术要求、矿料级配选择、施工过程质量控制和验收标准。2021年,交通运输部公路科学研究院充分总结吸纳交通运输部及各省(自治区、直辖市)近年来在沥青路面预防养护方面的研究成果和成功经验,发布了《公路沥青路面预防养护技术规范》(JTG/T 5142-01—2021)。与《公路沥青路面养护技术规范》(JTG 5142—2019)、《微表处和稀浆封层技术指南》等相比,该标准区分了A级和B级微表处,还增加了MS-4型级配。B级微表处用改性乳化沥青的技术要求与现行《公路沥青路面养护技术规范》(JTG 5142)保持一致;A级微表处用改性乳化沥青的技术要求在此基础上对软化点、黏韧性、5℃延度等指标提出了更高的要求;MS-4型级配范围根据国内外工程经验提出,级配更粗,多用于车辙填充。

1.3.2 微表处施工工艺

微表处施工应配备微表处摊铺车、装载机、乳化沥青储罐等施工设备以及其他辅助机具,进行车辙填充时还应配备V形车辙摊铺槽。施工前应彻底清除原路面泥土杂物,对原路面的病害进行处治,对深度超过15mm的车辙进行车辙填充,裂缝灌缝,对局部破损进行彻底挖补等。微表处摊铺后可不碾压,用于硬路肩、停车场等缺少行车碾压的场合,或为了满足特殊需要,可使用6~10t轮胎压路机进行碾压,碾压时机应选择在微表处混合料已破乳并初步成形之后。微表处混合料铺筑后,在开放交通前应严禁车辆和行人通行。当微表处混合料满足开放交通的要求后,应尽快开放交通。微表处用于车辙填充时,应调整摊铺厚度,使填充层横断面的中部隆起 3~5mm。

1.3.3 微表处技术特点

微表处主要用于填补公路车辙、恢复路面抗滑性能、封闭路表,阻止路表水下渗,提高路面平整度及处治泛油等,迅速改善沥青路面表面因早期损害而形成的抗滑力下降、网状裂缝、松散、麻面、车辙病害等情况,提高沥青路面的使用性能和耐久性,还可以提高沥青路面的防病能力。厚 8~10mm 的微表处面层,可提高高速公路、重交通公路的抗滑能力,延长其使用寿命,也可以用作新建公路的抗磨耗层。

在众多的预防性养护技术中,微表处的特点与优势均较为明显,主要有如下几点:

(1)施工速度快。微表处技术所需的摊铺机器可以在混合料拌和均匀后直接摊铺到路面上,且不需要进行路面压实处理,因此施工效率特别高,可考虑在夜间进行铺设作业,对道路交通影响小,适用于交通繁忙道路的维修和养护。

(2)开放交通快。稀浆混合料破乳后凝结速度快,早期强度较高。我国微表处技术一般在摊铺的 1~2h 内开放交通,对道路正常通行影响较小。

(3)技术成本低。微表处技术仅需要进行坑槽的修补,技术成本较低。采取养护次数相对频繁的低造价微表处技术,可以使路面一直保持较高的服务水平,不会出现性能大幅度下降的情况,因此具有较高的性价比。

(4)节约资源、绿色环保。微表处技术采用改性乳化沥青作为原材料,不需要进行沥青与集料的加热处理,在常温下即可进行拌和与摊铺,大大减少热能的使用与效率不高造成的能源损耗浪费,同时也减少沥青在加热过程中的环境污染。与热拌沥青混合料摊铺技术相比,微表处对环境的影响小,在运输摊铺过程中有害物质排放少,生态效应更好。

然而,随着微表处技术的大量应用,人们也认识到了微表处技术的"短板":

(1)力学性能较弱。美国学者认为微表处封层比较易碎,在原有路面上若存在裂缝,则会反射到微表处面层。因此研究柔性微表处混合料,有效地防止反射裂缝非常重要。

(2)无法修复深层次病害。由于微表处是在路面面层采取的养护措施,无法根除路基和路面中下面层引起的深层次病害,如中面层的车辙形变、路面的反射裂缝、路面严重龟裂、沉陷等。

(3) 铺筑后的短时间内,呈现出抗裂性差、填补车辙后很容易又出现车辙等问题,影响微表处技术的应用与发展。我国的主干公路网上超载、重载的现象十分普遍与严重,超载现象势必会引起轮胎与路面的接触压力增大,常规的微表处在这种重接触应力之下会频繁开裂与剥落,达不到修补路面、延长路面使用寿命等作用。

1.4 预防性养护技术需求分析

巨大的养护需求推动了预防性养护技术的发展。预防性养护是指在公路路况良好或是病害发生初期,即对其进行养护,不让病害向更深层次发展,从而达到延长公路使用寿命、保持公路完好、提高公路质量、降低公路养护成本的目的。它是"预防为主,防治结合"的原则及全面、科学、及时,经常性养护的具体体现,具有良好的经济效益。《公路养护工程管理办法》中也指出,养护工程计划编制应将预防养护项目优先安排。

然而,《2022年交通运输行业发展统计公报》显示,近年来,载货汽车数量略有下降,但载货汽车吨位数持续攀升,这给以微表处和薄层罩面为主的预防性养护技术带来严峻挑战。2016—2022年全国载货汽车拥有量见图1-5。传统预防性养护结构层较薄,轴载的提升显著增加结构层的底拉应力和层间剪切力,受材料强度低、与原路面黏结不牢等因素影响,现有预防性养护技术使用寿命短,养护效果衰减快。为了使养护层能够经久耐用,亟须在材料性能、黏结方式等方面加以突破和创新。

图1-5 2016—2022年全国载货汽车拥有量

此外,随着碳达峰、碳中和目标的提出,预防性养护技术也正朝着低碳、环保的方向发展。原有热拌预防性养护技术,如薄层罩面技术等,因能耗高、污染大的特性,未来使用场景会逐渐受到限制。能够常温施工的高性能预防性养护技术是预防性养护未来的发展方向。

同时,我国每年因道路维修养护产生废旧沥青混合料7000万~9000万t。但是鲜有关于废旧沥青混合料回收料(RAP)在预防性养护技术中消纳利用的研究。尝试用RAP替代新集料对路面进行预防性养护,是积极践行绿色发展理念、促进生态文明建设的重要手段,能起到节约养护成本、降低路面全寿命周期费用的目的,具有良好的经济和环境效益。

鉴于薄层罩面容易发生疲劳开裂、推移、脱皮等病害,缺乏对黏层油体系的保护,受污染或破损的位置容易发展为整个薄层结构的力学薄弱点;微表处经过一段使用后会出现磨损严重、平整度变差、抗滑衰减过快、行车噪声大等技术缺陷,本书提出了同步纤维磨耗层技术。该技术主要特点是利用自主研发的国内首台专用设备,将黏层喷洒、纤维切割、稀浆混合料拌和与摊铺等工序同步实施,并通过喷洒专用高黏乳化沥青和添加纤维的方式,解决了微表处技术与旧路表面黏附性不足和自身黏聚力不足的问题,从而提高层间黏结强度与磨耗层强度,大幅提升使用寿命和养护效果,能够校正路表缺陷,改善行驶质量,提高服务水平,延长路面使用寿命,同时避免了传统热拌罩面技术中存在的消耗能源、施工时节受限、混合料易老化、污染环境等问题。本书详细介绍了高黏乳化沥青与稀浆混合料设计方法、性能指标与同步纤维磨耗层施工工艺,并对自主研发的国内首台专用设备——NS9同步纤维磨耗层车进行了介绍。

在当前碳达峰、碳中和的大背景下,同步纤维磨耗层技术解决了预防性养护技术常见的强度不足、耐久性差等问题,同时兼顾了减碳环保,更提出了RAP在预防性养护中的利用方法,切实助力碳达峰、碳中和行动实施,值得加以推广和应用。

第 2 章
CHAPTER 2

纤维增强技术在预防性养护中的应用

前文提到，随着微表处与薄层罩面技术在道路养护工程中的推广应用，人们逐渐发现其存在着一定缺陷，如微表处经过一段时间使用后磨损严重、平整度变差、抗滑衰减过快、行车噪声大等，薄层罩面容易发生疲劳开裂、推移、脱皮等病害。为了解决微表处与薄层罩面技术存在的问题，技术人员通过在沥青混合料中添加纤维，利用纤维在沥青间的"增黏、增强、增韧"效果，开发出了纤维微表处和超黏磨耗层技术，提升了养护材料的路用性能。

2.1 纤维对沥青的增强机理

2.1.1 增大黏度——爱因斯坦黏度理论

在沥青中掺加纤维后，空间随机分布的纤维网络将对沥青的流动产生内摩擦阻力，即增加黏度。"纤维+沥青"复合材料的黏度可由爱因斯坦混合率表示：

$$\eta = \eta_m (1 + K_E \Phi_f) \tag{2-1}$$

式中：η——纤维复合沥青的黏度；

η_m——沥青的黏度；

K_E——爱因斯坦系数；

Φ_f——纤维的体积百分数。

爱因斯坦系数 K_E 与纤长径比（l/d）有关，如图2-1所示。当 $l/d>1$ 时，$K_E>2.5$。只有在纤维与沥青（连续相）在界面上存在相对滑动时，K_E 才会小于2.5甚至减少至1，因此要求纤维与沥青有良好黏附力。显然，纤维的增黏作用取决于纤维加入量、纤维的长径比及爱因斯坦系数 K_E。

纤维的增黏作用将有效地提高沥青胶泥的抗剪切变形能力，从而提高沥青路面抗车辙变形能力。其增黏作用效果取决于纤维的长径比及纤维加入量，与纤维是否有中空毛细管没有任何关系。纤维的加入量不受沥青溶解度的任何限制。因此，理论上可以通过调整纤维加入量，使沥青路面满足各种不同荷载与气温下的使用要求。

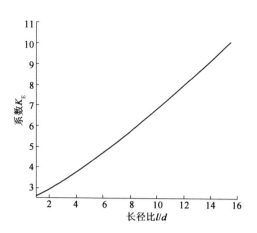

图 2-1　爱因斯坦系数与长径比 l/d 的关系

爱因斯坦系数 K_E 与温度无关,而沥青本身黏度随温度升高而急剧降低,因此纤维对提高沥青高温下的黏度及高温抗车辙变形能力具有尤其重要的意义。改性剂 K_E 随温度升高急剧下降,这也是改性剂对防止高温沥青流失没有太大作用的原因。

由于沥青是黏弹性材料,黏度的增大就意味着抗变形能力的增大。因此,纤维是一种有效提高抗车辙变形能力的手段,且不像苯乙烯-丁二烯-苯乙烯嵌段共聚物(SBS)等改性剂一样受沥青溶胀度的限制。此外,由于增大了沥青黏度,纤维便能有效地增大沥青用量,这对某些混合料(如 SMA、OGFC、PA 等)来讲是不可缺少的。

2.1.2　增大模量

增加沥青的弹性模量是提高沥青抵抗变形及变形恢复能力的一种基本材料学手段。与上述增加黏度的作用一样,掺加纤维与沥青形成复合材料同样是一种行之有效的方法。"纤维+沥青"复合材料的弹性模量可由下式表示:

$$G = G_f \Phi_f + G_m(1 + \Phi_f) \tag{2-2}$$

式中:G——复合材料的弹性模量;

G_f——纤维的弹性模量;

G_m——沥青的弹性模量;

Φ_f——纤维的体积百分比。

可见,与增强作用一样,纤维对沥青弹性模量的提高与纤维的弹性模量及纤维的加入量成正比。

2.1.3 增强作用

对于单向排列的短纤维增强复合材料,根据混合率模型可得到复合材料、纤维及基体三者的屈服强度之间的关系:

$$\sigma_{cu} = \sigma_{fu}\Phi_f + \sigma'_{mu}(1 - \Phi_f) \tag{2-3}$$

式中:σ_{cu}、σ_{fu}——复合材料及纤维的抗拉屈服强度;

σ'_{mu}——对应于复合材料破坏时基体所承担的应力;

Φ_f——纤维的体积百分比。

但对于短纤维增强复合材料,纤维与基体的应变不应相等。因此,需对式(2-3)做适当修正:

$$\sigma_{cu} = \sigma_{fu}\Phi_f/K + \sigma'_{mu}(1 - \Phi_f) \tag{2-4}$$

式中:K——最大应力集中因子。

对于随机空间分布的短纤维增强复合材料,其屈服强度可表示如下:

$$\sigma_{cu} = \sigma_{fu}\Phi_f C_0/K + \sigma'_{mu}(1 - \Phi_f) \tag{2-5}$$

式中:C_0——最大应力集中因子。

上述的复合材料细观力学理论说明,无论纤维单向排列还是随机空间排列,短纤维增强复合材料的强度σ_{cu}与纤维强度σ_{fu}及纤维加入量Φ_f成正比。

2.1.4 增韧作用——复合材料科学原理

纤维"增强"是指纤维起到了加筋作用。"增强"作用的大小与纤维的强度和加入量有关。"增韧"则是在外应力大于材料本身的强度时,增大材料的塑形变形量。纤维"增韧"的力学原理完全不同于"增强"原理。纤维的"增韧"作用与纤维本身的强度和韧性没有任何关系,而来自纤维与基体材料因材料性质差异在纤维-基体界面附近形成的残余应力应变场及显微裂纹有关。这种残余应力应变场要么来自纤维和基体材料因热膨胀系数的巨大差异,要么是因为纤维在某一温度下相变而产生气体膨胀。这是因为:①残余应力应变场可以抵消部分外加荷载,从而降低宏观裂纹扩展时裂纹尖端的应力集中因子;②残余应力场在纤维-基体界面处产生的显微裂纹将部分释放材料中的应变而使裂纹区中存在残余应变,在宏观裂纹扩展后,其尾区的残余应变将降低裂纹尖端的应力集中因子;③由于形成显微裂纹,显微裂纹周围材料的弹性模量将降低而变为软化材料,它也有助于降低宏观裂纹扩展时裂纹尖端的应力集中因子。

(1)残余应变引起的裂纹尖端应力集中因子 K 的降低量 ΔK 可表示如下:

$$\Delta K \approx -0.48 V_f \gamma_{ii} H^{1/2}/(1-\nu) \tag{2-6}$$

式中:ΔK——裂纹尖端应力集中因子 K 的降低量;

ν——泊松比;

V_f——应变区纤维的体积分数;

γ_{ii}——体积膨胀应变量;

H——应变尾区高度。

可见,纤维加入量(体积分数 V_f)越大,纤维与沥青的热膨胀系数差异(体积膨胀应变量 γ_{ii})越大,则韧性增加就越大。

(2)显微裂纹的"增韧"效果由下式表示:

$$\Delta K_1 \approx -0.40 G \theta_T H^{1/2} \tag{2-7}$$

式中:ΔK_1——显微裂纹导致的宏观裂纹尖端集中因子 K 的降低;

G——沥青弹性模量;

θ_T——体积膨胀应变;

H——应变区的尾区高度。

上式说明,纤维与沥青的热膨胀系数差异(体积膨胀应变量 θ_T)越大,微裂纹引起的韧性增加就越大。从整体上看,纤维加入量越大,微裂纹数量也就越多,韧性增加也就越多。

(3)因微裂纹存在导致材料软化而产生的增韧效果 ΔK_2 可表示如下:

$$\Delta K_2/K \approx 1.42 N \tag{2-8}$$

式中:N——单位体积中的微裂纹数目,取决于纤维的加入量和纤维-沥青的热膨胀系数差异。

很难指望找到一种在低温下发生相变的纤维材料,而只可能找到与沥青热膨胀系数有差异的纤维材料。因此,对沥青来讲,上述原理说明:①增韧纤维必须与沥青有大的热膨胀系数差异,否则不能产生增韧效果;②增韧效果与纤维的加入量成正比;③增韧效果与纤维本身的强度和韧性无关。

2.1.5 提高疲劳耐久性

在以下疲劳寿命设计中将介绍疲劳寿命的力学损伤模型。材料的疲劳寿命 N_f 与

其屈服强度σ_{cu}成指数正比关系,可表示如下:

$$N_f = A \left[\frac{\sigma_{cu}}{\sigma_{max}(1-R)} \right]^m \tag{2-9}$$

式中:A、m——常数;

R——$R = \frac{\sigma_{min}}{\sigma_{max}}$;

σ_{min}——最小应力幅度;

σ_{max}——最大应力幅度。

纤维在增强沥青韧性的同时将大幅度提高沥青胶浆的疲劳寿命。而且,由于沥青的强度随温度升高而急剧下降,温度越高,纤维的增强作用越明显。在低温下,若纤维可使沥青胶浆屈服强度提高一倍的话,那么在高温下则表现为使蠕变极限强度及蠕变破坏强度提高几倍。疲劳损伤取决于蠕变破坏强度。掺入纤维后,沥青胶浆蠕变变形(极限)强度大幅度提高,抗蠕变变形能力大幅度增强,更不容易形成车辙等永久性变形。

可见,纤维的"增强"作用不仅能够有效提高沥青路面的低温抗裂性能,同时将大大提高沥青路面高温抗车辙变形能力,延长疲劳寿命。基于纤维增强理论,在原有微表处技术的基础上,研究人员开发出了纤维微表处技术和超黏磨耗层技术。

2.2 纤维微表处技术

2.2.1 纤维微表处技术介绍

纤维微表处技术源于法国,1986年Eurovia公司首次使用,纤维微表处技术的原材料包括聚合物改性乳化沥青、间断级配集料、矿物填料、纤维、水和必要的添加剂等。添加纤维有助于防止微表处混合料离析,一般采用丙烯酸纤维和矿物纤维(图2-2),优点是提高路面的摩阻力、耐久性和抗疲劳性,同时,其抗变形能力也优于微表处,纤维微表处的施工工艺与传统的微表处相同。

Larry Galehouse研究了柔性微表处,将5%橡胶和5%聚乙烯纤维添加入微表处混合料中,橡胶的添加提高了传统意义上微表处的柔性,聚乙烯纤维的添加起到加筋的作用。柔性微表处在铺设的试验路段上起到了较好的效果,对防止路面反射裂缝具有积极作用。

a)无机纤维

b)有机合成纤维

图 2-2　纤维外貌

C. Robed Benedict 认为微表处混合料的级配与沥青乳液含量对混合料的密度变化有所影响:级配中细集料的含量较少时,随着乳化沥青用量增加,密度曲线变化接近线性;而级配中含有较多的细集料时,随着乳化沥青用量增加,密度曲线呈现出先降低后增加的趋势。

D. C. Fernandez 对微表处进行了间断级配设计。试验结果表明:集料的间断级配具有较大的粒径分布差异,使微表处的抗滑能力得到提升,且加入纤维改性剂后减少了间断级配对微表处的负面影响,可以有效提高微表处的各项性能。

Duane Campbell 研究了微表处对环境污染的影响。研究表明:微表处技术采用的部分化学物质对生态环境有一定的负面影响,主要是其中的胺类物质以及酸性物质属于有害物,但是该类物质对人类的影响较小,与传统施工产生的大量噪声、扬尘、悬浮颗粒与设备排放的尾气等多方面污染相比,微表处污染程度大大减少。

2013 年,安希杰等通过研究发现,旧路面铺筑微表处层后,结构层之间的适应性对微表处层的受力状况影响极大。研究结果表明:尽早采用纤维微表处养护旧路面有利于增强结构层之间的适应性。

2014 年,姚晓光等对比分析纤维微表处材料施工性能与纤维种类、纤维掺量、油石比的关系,选取 4 种纤维,通过改变纤维掺量、油石比大小进行不同条件下的拌和试验、黏聚力试验。试验结果表明:随着纤维掺量的增加,纤维微表处混合料的拌和时间逐渐缩短,黏聚力值逐渐增大,且不同纤维掺量有其最合适的用水量;对于纤维微表处材料的施工性能,当纤维掺量为 0.10% ~0.25%、油石比为 7.0% ~7.5% 时,施工性能最佳。

2015年,张争奇等研究了纤维微表处加铺层的路用性能,建立了衰变方程,分析对比聚丙烯纤维、玄武岩纤维和普通微表处,结果表明:聚丙烯纤维微表处加铺的表面磨耗层具有更长的使用寿命。刘军营等为了解纤维微表处路用性能的影响因素,基于正交试验,在不同的纤维掺量、油石比、纤维种类条件下进行了湿轮磨耗试验和轮辙变形试验,并对结果进行了对比分析,结果表明:对路用性能的影响从高到低依次为:纤维掺量>油石比>纤维类型;对于纤维微表处路用性能,纤维掺量和油石比存在最佳值,当纤维掺量取0.1%~0.2%,油石比取7.0%~7.5%时,微表处混合料路用性能最优,而且相同条件下,聚丙烯纤维微表处路用性能更加优越。

2018年,冉再平研究了玄武岩纤维、聚丙烯纤维和木质素作为外加剂加入微表处中,并对三种纤维微表处的施工性能和路用性能进行研究,结果表明:木质素纤维由于吸油率过大,施工不稳定,不推荐在微表处中使用;聚丙烯纤维拌和时间长,施工相对容易。孙增智等研究了在高寒高海拔地区,纤维类型及用量、改性乳化沥青类型对微表处路用性能的影响,结果表明:纤维的加入有效地减缓了低温抗裂性;加入聚丙烯纤维或玄武岩纤维,综合路用性能表现最优。

2019年,孙增智为了研究高寒高海拔环境下纤维类型及用量、改性乳化沥青类型对微表处路用性能的影响,采用三种乳化沥青(分别为4% SBR改性乳化沥青、4% SBS改性乳化沥青及SBR/SBS复合改性乳化沥青)和四种纤维(分别为玄武岩纤维、聚丙烯纤维、玻璃纤维及聚酯纤维)制备纤维微表处混合料,并对其抗磨耗性能、抗水损性能、抗轮辙变形性能及低温抗裂性能进行试验研究。结果表明:掺量在0.1%~0.3%范围内时,纤维掺量越大,低温抗裂性能越好;微表处中加入聚丙烯纤维或玄武岩纤维,其综合路用性能表现最优;SBS/SBR复合改性乳化沥青兼具了SBS和SBR改性乳化沥青的优势。

2020年,曹炜对比分析了聚酯纤维、聚丙烯纤维、玻璃纤维和玄武岩纤维四种纤维的性能与特点,最终选用玄武岩纤维掺加到微表处混合料中,对其路用性能尤其是抗裂性能进行了评价,并结合了京港澳高速公路的工程实践,结果表明:纤维微表处施工和易性好,抗裂效果明显,各项路用性能指标满足规范《公路沥青路面微表处设计与施工技术规范》(DB62/T 3129—2017)要求。

2021年,闵泓毅通过对玄武岩纤维微表处配合比设计的研究,确定在混合料中加入玄武岩纤维,可延长混合料的可拌和时间,并且不破坏其抗剪能力。以0%、0.2%、0.3%、0.4%的纤维掺量作为变量,进行拌和试验和黏聚力试验,确定在微表处中最佳玄武岩纤维掺量为0.3%。

综上所述:微表处养护技术引进我国时间较短,但科研工作者在短短十几年内,丰富了微表处的技术应用,为适应我国各地区各等级公路的预防性养护作出示范。纤维微表处中应用比较成熟的纤维主要有聚酯纤维、聚丙烯纤维、聚丙烯腈纤维、玻璃纤维、玄武岩纤维等,纤维的加入能够明显增强微表处使用寿命,配合改性乳化沥青应用,可达到较好的路用效果。在合适的纤维掺量下,微表处材料抗磨耗性能、抗水损性能、抗轮辙变形性能及低温抗裂性均有所改善。

2.2.2 纤维微表处技术优势

纤维微表处技术是一种被广泛应用的公路路面预防性养护技术,其对微表处性能改善作用明显,主要有以下3个方面。

(1)改善沥青胶浆结构

纤维直径一般小于 $20\mu m$,有相当大的比表面积,每 $10g$ 纤维的表面积大于 $1m^2$。纤维分散到沥青中,与沥青接触形成巨大的浸润界面,并能吸附沥青,形成一个新的有一定厚度的界面层。纤维与沥青界面的结构与性质取决于纤维的分子排列、化学性质以及沥青的分子结构和化学组成。其主要作用是连接两相并传递、缓冲两相间的应力,是影响整个纤维沥青材料物理、力学性能的关键。在细观尺度上,界面层具有一定的厚度,其尺寸一般在毫米和微米之间。沥青中酸性树脂组分是一种表面活性物质,对纤维表面产生的吸附作用、物理浸润作用以及有时存在的化学键作用,使沥青呈单分子状排列在纤维表面,形成结合力牢固的"结构沥青"界面层,改善沥青性能,如图2-3所示。

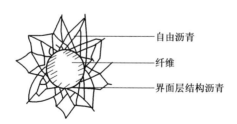

图2-3 纤维与沥青界面示意图

(2)提高微表处稳定性

短纤维在沥青基体内的分布是三向随机的。纤细的截面,使得纤维掺量不大的沥青基体内短纤维数目相当大,形成纵横交织的空间网络。以纤维掺量为沥青用量的3.2%(即纤维掺量为沥青混合料总体质量的0.2%,后文以0.2%表示混合料中纤维掺量)为例,每1g沥青中约有5200根纤维。纵横交错的纤维形成的纤维骨架结构网以及"结构沥青"网增大了结构沥青比例,减薄了自由沥青膜,使玛琋脂黏性增大,软化点上升,高温稳定性大幅度提高。同时,纤维的"增韧"使沥青混合料可使用稠度较低的沥青,这样也有助于减少低温裂缝。美国铺筑的86个SMA路段检查结果表明,这些路段几乎没有发现裂缝,观察到的少量裂缝仅是反射裂缝,这与纤维改性较高的沥青用量和稠度较低的沥青所组成的玛琋脂性能密切相关。

(3)提升冷拌料的抗裂性

近代胶浆理论认为,沥青混凝土是以沥青为唯一连续相的多级空间网状结构的分散体系,因此沥青的破坏意味着结构体系的破坏。但在纤维增强沥青混凝土系统中,纤维网作为更强大的第二连续相,在沥青破坏时仍能维持体系的整体性,阻止基体破坏的扩展。

2.3 超黏磨耗层技术

超黏磨耗层技术(Super Bonding Wearing Course)是指采用超黏磨耗层核心设备,同时洒(撒)布改性乳化沥青黏结料及拌和玻璃纤维的超黏磨耗冷拌混合料,摊铺后,经碾压形成新的磨耗层的一种新型道路建设养护技术。超黏磨耗层技术是在微表处技术基础上增加了玻璃纤维的使用和改良的黏结层工艺。通过超黏磨耗层专用设备在喷洒高黏改性乳化沥青黏结料的同时,摊铺拌和玻璃纤维的超黏混合料,从而形成新的磨耗层或者应力吸收中间层。

超黏磨耗层施工流程如图2-4所示。

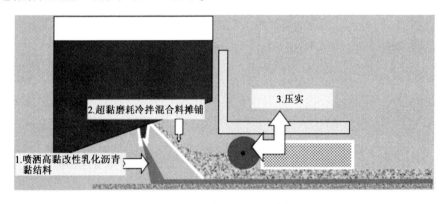

图2-4 超黏磨耗层施工流程图

2.3.1　超黏磨耗层技术简介

超黏磨耗层技术是在微表处技术基础上发展而来的第三代同类养护技术,该技术于2000年左右出现在德国,是在稀浆封层、微表处同类养护技术基础上发展的第三代同类养护技术。施工所使用的路用材料包括同步或分步喷洒(撒)的改性乳化沥青、冷拌用改性乳化沥青、专用级配矿料、填料、纤维、水及其他添加剂。超黏磨耗层技术在英国、德国、法国等国家都已得到广泛应用。

目前,国外超黏磨耗层主要使用两种不同的乳化沥青:一种是用于微表处的没有经过处理的传统乳化沥青,多采用SBR改性乳化沥青;另一种乳化沥青被加热到40~60℃时能够快速破乳,这种乳化沥青或为SBR改性乳化沥青,且在应用之前用水稀释。

超黏磨耗层技术是针对微表处技术的噪声大及与耐久性能差两大问题进行改进的新技术,我国在引进该技术后,开展了进一步研究并进行了工程应用。例如:由浙江省宁波市公路管理局组织的超黏磨耗层在杭州绕城高速公路的应用,由梁云龙撰写的超黏磨耗层新技术在公路建设养护工作中的应用,由西安国琳实业股份有限公司于2011年申请的"一种沥青路面超黏封层"发明专利等,都介绍了超黏磨耗层及相关技术。

2.3.2　超黏磨耗层技术特点

超黏磨耗层技术是如今公路养护工程中被广泛关注并应用的一项新技术,它之所以能在延长公路使用寿命上发挥非常重要的作用,是因为这项技术有着自身的优越性。

(1)高黏磨性

超黏磨耗层设备在喷洒一层改性乳化沥青后,进行碎石纤维混合料摊铺,压实成型后超黏磨耗冷拌集料被结合料网状结构紧紧裹覆,形成了一个复合的嵌锁体系,纤维、沥青和集料紧密相连。有效地限制了集料的滑移、脱离。采用超黏磨耗层技术能极大地提高路面的耐磨性,有效地延长道的使用寿命。

(2)高黏附性

使用改性乳化沥青,首先要在旧路路面上形成一个超强黏结层,同时与掺入纤维的微表处拌和料进行黏结;乳化沥青渗入原路面的裂缝中,通过毛细作用向上运动,进入超黏磨耗冷拌集料的缝隙中,形成一种带有立体网络结构的沥青膜,大大提高新铺磨耗层与原路面的黏结性,防止新铺磨耗层的脱落。

（3）高防水性

超黏磨耗层结构为一层改性乳化沥青、一层掺有纤维的超黏磨耗冷拌结合料连续施工工艺形成的物料相互作用的致密网络缠绕结构。乳化沥青的连续洒布，更加提高了封层的密闭性，加之结构中起到加筋和桥接作用的纤维的比表面积大，对沥青结合料具有极强的吸附作用，能非常容易地吸附沥青中的油分，增加其黏度和黏附力，在路面上形成一层致密的保护膜。该封层具有更高的防水性能，并能起到高温稳定、增韧阻裂的作用，更好地保护了路面结构，防止因水渗入导致的路面路基破坏。

（4）高应力吸收、应力扩散、超强抗裂能力

具有网络缠绕独特结构的超黏磨耗层，由于纤维本身高抗拉伸强度和高弹性模量的特点，有效地提高了磨耗层的抗拉、抗剪、抗压和抗冲击强度，能够有效地抑制反射裂缝出现，并阻止因车载负荷过重造成的路面损害，极大地提高道路的使用寿命。

（5）高稳定性

超黏磨耗层因添加了玻璃纤维而具有高弹性模量，延伸力强，抗拉强度远远大于温度变化带来的温度应力，降低了面层的低温脆裂性，能够有效地抑制路面低温收缩裂缝的产生。

超黏磨耗层薄层罩面具有较强的应力吸收与分散能力。将切割破碎的纤维材料均匀洒布于沥青结合料内并互相搭接，使其与沥青混合料共同构成网络状缠绕结构，并充分利用纤维材料本身的高弹性模量和高抗拉强度特性，使封层结构的综合力学性能及抗拉、抗剪、抗压、抗冲击强度显著提升，使铺设在新旧沥青面层之间的纤维封层兼具高张力和高弹力，将其吸收到的摊铺层中的外界应力有效分散并使其重新分布，同时还能吸收并分散掉原沥青路面既有裂缝的反射应力，防止应力过度集中于裂缝尖端，并阻止行车荷载所造成的路面破坏。

2.4 同步纤维磨耗层简介

2.4.1 技术背景

自我国引进预防性养护技术以来，各种预防性养护技术手段均得到了迅速的发展，基于常规预防性养护技术存在的问题及市场应用要求而开发的新型预防性养护技术逐

渐得到成功研发并应用,形成了以纤维微表处、超黏磨耗层、薄层罩面为主的预防性养护技术,但是在进一步的深入研究中也逐渐暴露了一些问题。

纤维微表处虽然在微表处的基础上添加了丙烯酸纤维和矿物纤维来提升路面的抗离析性能、摩阻力、耐久性、抗变形能力和抗疲劳性,但在实际使用过程中,存在因施工质量不佳导致的层间黏结薄弱问题,容易形成推挤、滑移和开裂。超黏磨耗层是在微表处技术基础上发展而来的第三代同类养护技术,该技术兼顾了层间黏结与磨耗层的强度,但该技术发展仍不完善,指标体系套用微表处技术,没有形成针对超黏磨耗层技术特点的材料选择、级配设计、性能评价的混合料设计体系,仍有较大的发展空间。

同步施工薄层罩面是指运用专用的同步摊铺设备进行操作,即同时对黏结层特种改性乳化沥青喷洒和改性热沥青混合料摊铺,通过运用压路机进行一段时间的压实后达到一次成型的效果。同步施工薄层罩面具有摊铺速度快、工期短、开放交通快、社会交通受延误小、节约施工成本等优势。但是,同步施工薄层罩面在长期应用过程中显现出不足,如:①耗费能源:采用热沥青施工,需要用大量能源为沥青材料和矿料加热;②施工时节受限;③污染环境:由于沥青加热温度高、加热时间长,在拌和生产和施工的过程中,会排放出大量废气、烟尘和热量,严重影响环境质量。

结合纤维微表处与同步施工薄层罩面的技术优势,本书提出了同步纤维磨耗层技术。该技术将黏层喷洒、纤维切割、稀浆混合料拌和与摊铺等工序同步实施,形成冷拌冷铺同步快速处置层间黏结、材料设计、专用摊铺设备研发及施工工艺构成的成套技术,有效保证磨耗层的实施效果及路用性能,同时避免了传统薄层罩面技术中存在的消耗能源、施工时节受限、混合料易老化、污染环境等问题,实现沥青路面预防性养护的快速、安全、高效、环保。在当前国家大力号召建设资源节约型社会的背景下,该技术必将产生巨大经济与社会效益。

2.4.2　技术简介

同步纤维磨耗层作为一种新型的路面预防性养护方式,结合同步薄层罩面与微表处两种技术的优点,依托加入玻璃纤维的稀浆混合料冷拌和工艺和改良的黏结层工艺,通过专用设备实现黏层喷洒、纤维切割、稀浆混合料拌和与摊铺等工序同步实施,大大提高了预防性养护施工的适应性及灵活性,同时保证了黏结层与磨耗层的结构整体性,有效延长了路面的使用寿命。

同步纤维磨耗层成型如图 2-5 所示。

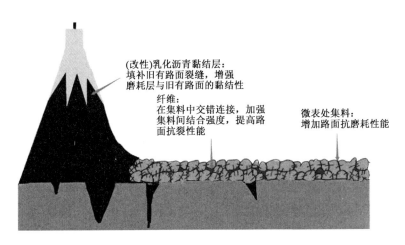

图 2-5 同步纤维磨耗层成型示意图

2.4.3 同步纤维磨耗层性能特点

(1) 良好的应力吸收能力

纤维本身具有高抗拉伸强度和高弹性模量的特性。同步纤维磨耗层脱胎于传统微表处技术,集成了独特的纤维网络立体缠绕结构和优异的综合力学性能,其抗拉强度远远大于温度变化带来的收缩拉应力或拉应变,降低了面层的低温脆裂性,能够有效抑制沥青路面低温收缩裂缝的产生;兼具极高的张力和弹力,能吸收和分散旧沥青路面原有裂缝或基层的反射应力,消除旧沥青路面裂缝尖端产生的应力集中,有效抑制反射裂缝的出现,极大地提高了路面的使用性能及寿命。

(2) 高耐磨性

同步纤维磨耗层由专用设备摊铺完成后,集料被纤维、结合料形成的网状结构紧紧裹覆,形成了一个复合的力学嵌锁体系,纤维、沥青和集料紧密相连,有效抑制了集料的滑移、脱落。

(3) 高黏附性

黏结层采用高性能改性乳化沥青,平均喷洒量约为 $0.3L/m^2$;同时,采用同步喷洒黏结层工艺,减少了多工序产生的二次污染及路面的破坏,大大提高了磨耗层与旧路面黏附性,有助于提高养护路面的使用寿命。

(4) 降低交通噪声

通过添加纤维、改善级配,在保证磨耗层优良性能的同时,使路面噪声得以降低,改善道路行车舒适性。

2.4.4 同步纤维磨耗层适用性

所有的预防性养护技术都是在原路面上加铺了一层薄膜,不能增加原路面的结构承载力,只能改变旧路的功能性能、行车安全性和外观。同步纤维磨耗层作为一项沥青路面预防性养护新技术,虽然较同类技术有着明显的优势,但是这种技术也有一定的适应条件,特别是对交通环境、旧路路况以及气候条件都有一定的要求。如果不了解同步纤维磨耗层结构行为的适应性,以及这种预防性养护技术的适用条件,在实际中盲目使用,就难以发挥出其优越性,进而难以取得良好的养护效果和获得显著的经济效益。对于年久失修、超期服役、交通量大、路面病害严重的路段,不能使用同步纤维磨耗层作为预防性养护措施,此时应该采取大中修措施。适宜采用同步纤维磨耗层技术进行预防性养护的路段,要求基层和面层具有一定的强度、路面破损率低、平整度好。因此,使用同步纤维磨耗层技术对旧路进行养护时,对原路的结构强度、平整度、破损状况和旧路的处治都有一定的要求,这样才能使同步纤维磨耗层的优良性能得以充分地发挥,费用效益得以最大化。

2.4.5 同步处治预防性养护措施选用原则

根据预防性养护的技术理念,在确定选择同步纤维磨耗层技术的过程中需要遵循以下原则:

(1)技术上是满足要求的。即同步纤维磨耗层技术措施在技术上是适用的,它能够满足路面状况、交通量、公路等级等的技术要求,且能充分发挥其应有的养护性能。

(2)经济上是比较节约的。即在满足技术要求的前提下,应选择费用效益良好的养护措施,使得所采取的养护措施比其他措施具有更低的养护成本。

(3)性能上是符合工程特点的。即同步快速处治养护措施能满足具体公路管理单位对路面养护质量和效果的要求,满足社会交通对预养护路段路面使用性能的特定要求。

2.4.6 同步处治技术的实施流程

采取同步处治预防性养护措施的路面,还应根据现行《公路技术状况评定标准》(JTG 5210)评定现状技术状况,并根据现行《公路沥青路面养护技术规程》(JTG 5142)以及《公路沥青路面预防性养护技术规范》(JTG 5142-01),结合路况技术水平和预防性养护技术体系预养护措施的适用性分析,相应地,对适用者实施同步处治预防性养护技术。采取该措施的流程如图 2-6 所示。

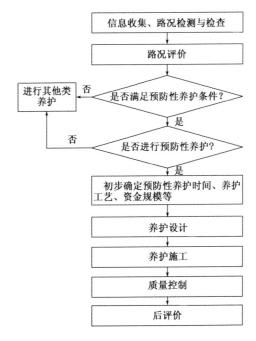

图 2-6 采取同步处治预防性养护措施流程图

(1)封层技术在各等级公路的适用性

同步纤维磨耗层是封层技术的一种,封层作为预防性养护技术,还包括稀浆封层、微表处、碎石封层、纤维封层等措施,表 2-1 为各等级公路适用的封层预防性养护措施。

封层技术在各等级公路的适用性　　　　　　表 2-1

公路等级	稀浆封层	碎石封层	微表处	纤维封层	同步纤维磨耗层
高速公路	×	×	√	×	√
一级公路	×	×	√	×	√
二级公路	√	√	√	√	√
三级公路	√	√	△	√	√
四级公路	√	√	△	√	√

注:√-推荐;△-可选;×-不推荐。

同步纤维磨耗层适用范围广,可用于各种等级的道路预养护技术。

(2)原路面检测要求

对原路面的结构强度、车辙深度、裂缝、平整度、抗滑性能、局部破损(坑槽、推移、拥包、泛油)都应检测、调查,作为路面维修养护措施选择的依据。检测项目、频率与方法应符合表 2-2 的规定,检测方法均为自动化检测。

原路面检查项目与要求 表 2-2

调查内容	检测频率	检测方法与要求
路面结构强度	路面弯沉值,每 20m 应计算 1 个统计值	应采用与贝克曼梁具有有效相关关系(相关系数不小于 0.95)的高效自动化弯沉检测设备。路面结构强度为抽样检测指标,抽样检测的路线或路段应按路面养护管理需要确定,最低抽样比例不得低于公路网列养里程的 20%
路面破损状况(裂缝、局部破损、横缝密集度等)	路面破损率 DR,每 10m 应计算 1 个统计值	路面损坏应纵向连续检测,横向检测宽度不应小于车道宽度的 70%。检测设备应能分辨约 1mm 的路面裂缝,检测数据宜采用机器自动识别,识别准确率应达到 90% 以上
车辙深度	路面车辙深度 RD,每 10m 应计算 1 个统计值	当横断面数据出现异常或横断面数据不完整时,该检测断面应为无效数据
抗滑性能*	横向力系数 SFC,每 10m 应计算 1 个统计值	应采用横向力系数检测设备或其他具有有效相关关系的自动化检测设备,相关系数不应小于 0.95
平整度	国际平整度指数 IRI,每 10m 应计算 1 个统计值	应采用断面类检测设备。超出设备有效检测速度或有效减速度范围的数据应为无效数据
路面跳车	路面跳车 PB,每 10m 应计算 1 个统计值	应采用断面类检测设备
路面磨耗	构造深度 MPD,每 10m 应计算 1 个统计值	应采用断面类检测设备

注:路面构造深度 MPD 和横向力系数 SFC 为二选一指标。

（3）养护要求

公路路面的各项技术状况指标应满足表2-3的要求,当公路路面的各项技术状况指标因使用过程中的自然衰减或遭受外力破坏而不符合养护规定值时,应采取相应的处治措施。

基本单元沥青路面技术状况　　　　　　　　　　表2-3

序号	项　　目		高速公路	一级公路	二级公路	三、四级公路
1	路面损坏状况	路面损坏状况指数（PCI）	≥80	≥75	≥75	≥70
2	路面行驶质量	行驶质量指数（RQI）	≥80	≥80	≥75	≥70
3	路面车辙	车辙深度指数（RDI）	≥80	≥75	≥70	—
4	路面抗滑性能	抗滑性能指数（SRI）	≥75	≥70	≥70	—
5	路面结构强度	路面结构强度指数（PSSI）	≥75	≥70	≥70	—

注：表中的高速公路指设计速度为120km/h和100km/h的高速公路;设计速度为80km/h的高速公路或城市快速路的养护规定值按一级公路规定。

其中,在路面采用同步纤维磨耗层技术时,应满足强度要求,即路面的结构强度系数为中等以上;否则应对路面采取中修措施或翻修改建。具体标准可参见表2-4。

同步处治预防性养护宏观养护标准　　　　　　　　表2-4

路况指标	高速公路	一级及二级公路	三级及四级公路
RQI	≥90	≥85	≥80
PCI	≥90	≥85	≥80
RDI	≥90	—	—

当对路面进行预防性养护时,路面不能有结构性的损坏(严重的疲劳开裂、较深的车辙)、严重的温度裂缝和大面积的路面损坏,如存在上述情况,应对路面结构进行补强或对裂缝进行灌缝封缝处理,对大面积的路面损坏进行修补,然后采用同步纤维磨耗层技术进行养护。

通过对高速公路或一级公路路面的强度进行检测,确保沥青路面的路面结构强度指数和路面行驶质量指数满足要求。对路面状况进行调查,进而确定路面的路况养护指数,确保路面养护指数满足要求,并考虑路面的抗滑能力。当高速公路或一级公路路面的抗滑能力不足时,可以优先考虑采用同步施工沥青纤维磨耗层技术进行改善。

当对其他等级公路进行同步快速处治养护时,通过对其他等级公路路面的强度、平整度等进行检测,确保沥青路面的路面结构强度指数、路面行驶质量指数满足要求;对路面状况进行调查,进而确定路面的路况养护指数,确保路面状况指数满足要求;并考虑路面的抗滑能力,当路面的抗滑能力不足时,可以优先考虑采用同步纤维磨耗层技术进行改善。

2.4.7 同步纤维磨耗层实施的微观路况条件

同步纤维磨耗层技术与路况之间有很强的相互制约性,在宏观路况满足要求的前提下,还需要判断路面的损坏类型和程度是否适合同步纤维磨耗层技术,表 2-5 为沥青路面主要病害类型分级。

沥青路面主要病害类型分级　　　　表 2-5

损坏类型		分级	定义	分级指标
裂缝类	龟裂	轻	初期裂缝,裂区无变形、无散落,缝细	主要块度:0.2~0.5m 主要缝宽:≤2mm
		中	龟裂的发展期,龟裂状态明显,裂缝区有轻度散落或轻度变	主要块度:<0.2m 主要缝宽:>2mm,≤5mm
		重	龟裂特征显著,裂块较小,裂缝区变形明显、散落严重	主要块度:<0.2m 主要链宽:>5mm
	块状裂缝	轻	缝细,裂缝区无散落	大部分块度:>1.0m
		重	缝宽,裂缝区有散落	主要块度:0.5~1.0m 主要缝宽:≥3mm
	纵向裂缝	轻	缝细,裂缝壁无散落或有轻微散落,无支缝或有少量支缝	缝宽:≤3mm
		重	缝宽,裂缝贯通整个路面,裂缝壁有散落并伴有少量支缝	主要缝宽:>3mm
	横向裂缝	轻	缝细,裂缝壁无散落或有轻微散落	缝宽:≤3mm
		重	缝宽,裂缝贯通整个路面,裂缝壁有散落并伴有少量支缝	主要缝宽:>3mm
松散类	坑槽	轻	坑浅,面积小	有效坑槽面积:≤0.1m²
		重	坑深,面积较大	有效坑槽面积:>0.1m²
	松散	轻	路面细集料散失、脱皮、麻面、露骨等表面损坏	—
		重	路面粗集料散失、脱皮、麻面、露骨,表面剥落、有小坑洞	—

续上表

损坏类型		分级	定义	分级指标
变形类	沉陷	轻	轻大于10mm的路面局部下沉,深度浅,行车无明显不舒适感	深度:>10mm,≤25mm
		重	路面局部下沉深度深,正常行车有明显感觉	深度:>25mm
	车辙	轻	轮迹处深度大于10mm的纵向带状辙槽,辙槽浅	深度:>10mm,≤15mm
		重	轮迹处辙槽较深	深度:>15mm
	波浪拥抱	轻	波峰波谷高差小	高差:>10mm,≤25mm
		重	波峰波谷高差大	高差:>25mm
其他类	泛油	—	路面沥青被挤出或表面被沥青膜覆盖形成发亮的薄油层	—
	翻浆	轻	基层损坏,路面出现冒浆、不均匀起伏现象	—
		重	基层或路基损坏,路面出现冒浆、不均匀起伏和破裂现象	—
	修补	—	龟裂、坑槽、松散、沉陷、车辙等的修补面积或修补影响面积,不包括高速公路整车道修补且长度大于50m,或普通公路整车道修补且长度大于20m的修补面积	—

适合同步处治技术的路面损坏及程度包括:

(1)裂缝。轻微或中等程度的横向裂缝、纵向裂缝,以及原路面宽度大于3mm的裂缝应进行灌缝处理,再进行同步纤维磨耗层处治。

(2)车辙。深度小于25mm的车辙,以及原路面10mm以下的车辙可直接进行同步纤维磨耗层处治。深度10~15mm的车辙应首先进行MS-3或MS-4型微表处车辙填充;深度15~30mm的车辙用一层或两层MS-4型微表处填充,然后再进行同步纤维磨耗层处治;深度30mm以上的车辙,不宜采用微表处车辙填充处理。

(3)轻微的表面不平整。

(4)各种程度的泛油、老化、松散。

(5)轻微或中等程度的抗滑不足。

(6)路面轻微渗水。

当路面发生较严重的破损开裂,例如 10% 的中等程度或 2% 严重程度的龟裂、无法有效填封的裂缝等情况时,同步纤维磨耗层技术将不再适用。原因在于,同步纤维磨耗层作为厚度仅为 10mm 左右的薄层结构,自身不能有效填补大型裂缝,不能抵抗因裂缝尖端存在的明显应力集中现象,难以阻止裂缝的向上扩展与反射裂缝的出现。另外,中等或严重的坑槽、失稳型车辙、严重的拥包、推移等病害,不但对路面的平整度造成影响,更使路面内部结构被破坏。同步纤维磨耗层的薄层结构不能恢复此类路面的平整度,更不能对此类路面病害的内部结构进行补强,因此对于此类路面并不适用。国际平整度指数(IRI)超过 7m/km 时,意味着路面平整度超过了同步纤维磨耗层的修补能力。此外,排水不良的路面和水损害路面在车辆荷载形成动水压力,都会对同步纤维磨耗层起到剥离作用;同步纤维磨耗层也不能够抵御水在路面内部形成的结构性损坏。

因此,为了尽可能避免各类病害对同步纤维磨耗层养护效果的影响,在旧路表面的裂缝宽度小于 2mm,未发生结构性病害时,就应及时采用同步纤维磨耗层进行预防性养护,依靠乳化沥青黏结层填充细小裂缝,避免裂缝部位产生应力集中,从而抑制反射裂缝的产生,充分发挥同步纤维磨耗层的优良特性,延长同步纤维磨耗层的使用寿命。

第 3 章
CHAPTER 3

改性乳化沥青制备工艺及性能测试

高性能黏层改性乳化沥青与拌和改性乳化沥青的质量对同步纤维磨耗层至关重要。本章分析了改性乳化沥青性能影响因素，包括改性沥青、乳化剂、稳定剂和添加剂的选择；乳化剂用量确定方法及乳化剂水溶液的 pH 值控制和温度控制方法等。通过对适配的不同材料进行沥青性能试验，优化 SBS 改性乳化沥青配方，最终得到适用的黏结层材料及纤维磨耗层胶结材料，提出适用于该技术的乳化沥青技术标准。

3.1 乳化沥青工作原理

乳化沥青是将热熔的石油沥青，经过机械作用，以细小的微粒分散到含有乳化剂、稳定剂的水溶液中形成的乳状液。根据所用乳化剂电性的不同，分为阳离子乳化沥青及阴离子乳化沥青及非离子乳化沥青等。细小的沥青微滴稳定地分散在水中形成的是水包油型(O/W)乳浊液，微小的水滴稳定地分散在沥青中形成的是油包水型(W/O)乳浊液(图 3-1)。目前，应用最多的乳化沥青为水包油(O/W)型。

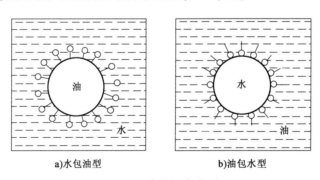

a)水包油型　　　b)油包水型

图 3-1　乳化沥青类型

3.1.1 乳化沥青生产过程主控因素

乳化沥青是一种复杂的体系。作为一种水包油为主的乳液形式，在生产过程中包括 4 个基本因素组成：沥青、表面活性剂、水及力。由于沥青本身属于温度敏感性材料，即高温液态、低温固态。因此，可以认为乳化沥青在高温条件下属于乳浊液，低温条件下属于悬浊液。

(1)沥青,乳化沥青的构成基础物质。原油的产地和提炼方法决定了沥青的化学特性,不同化学特性的沥青与乳化剂的兼容性不同。

(2)表面活性剂。加入少量即可使溶液体系的界面状态发生明显变化的物质。表面活性剂在乳化沥青中,帮助沥青克服热力学不稳定因素,是维持乳化沥青亚稳状态的关键因素,并具有对乳化沥青体系间接改性的作用。

根据带电荷分类分为阳离子表面活性剂、阴离子表面活性剂、两性离子表面活性剂及非离子表面活性剂。

阳离子(Cationic)主要包括胺、季铵盐、酰胺、咪唑啉。

阴离子(Anionic)主要包括烷基硫酸盐、磺酸盐、萘磺酸盐、琥珀磺酸盐。

两性离子(Amphoteric)主要包括氨基酸、甜菜碱、咪唑啉衍生物、氧化胺。

非离子(Nonionic)主要包括脂肪酸聚氧烷基醚、碳酸盐聚氧乙烯醚。

(3)水。乳化沥青优势的体现者,同时又带给乳化沥青一些弊端。在乳化过程中,相比较阳离子乳化体系,阴离子乳化体系对水更挑剔。所以耐钙性是阴离子乳化沥青的一个常规指标。

(4)力。形成乳化沥青最不可或缺也最容易被人忽视的一个因素。除了剪切力,压力也很重要。

3.1.2 乳化沥青品质检测

(1)粒径分布。粒径检测是一个判断乳化沥青质量优劣的很好的手段,一般以中值粒径作为表征颗粒粒度分布参数。中值粒径是以溶液中颗粒体积计,有50%的颗粒粒径大于此粒径,且有50%的粒径小于此粒径。它反映了乳液中乳化沥青颗粒的平均粒径大小。

中值粒径在4μm以内的乳化沥青,质量好;中值粒径在6μm以内的乳化沥青,质量可接受;出现粒径超过40μm的乳化沥青,质量差。

(2)蒸发残留物的制备。高温法:直接加热蒸发法,蒸馏法(ASTM D6697),高温烘箱法(ASTM D6934)。中温法:共沸法,低温烘箱法,减压蒸馏法。低温法:低温蒸发法(ASTM D7497-09,AASHTO PP72-11,EN 13704)。

目前,对乳化沥青残留物的获取方式国内外也没有统一标准,各国和地区的试验方法与要求也不尽相同。实际应用的喷洒型乳化沥青,其恢复条件或经历高温蒸发阶段,例如热拌混合料摊铺在黏层上时,可以选择高温法或中温法。对于拌和型乳化沥青,因其经历的最高温度不超过路面实际温度,低温蒸发法与其实际恢复条件更为接近。

3.1.3 乳化机理

乳化沥青制备过程中,沥青经高速剪切分散为大小介于 2~5μm 之间的细微颗粒。溶入水中的乳化剂分子会立即在沥青微粒界面被吸附,从而产生新的吸附排列,亲油基一端吸附于沥青内部,亲水基一端吸附于水中,以钳形固定于界面上,从而降低了沥青与水的界面张力。当吸附的乳化剂分子达到饱和状态时,在沥青微粒表面则形成一层被乳化剂分子包封的有一定机械强度的坚固的分子薄膜,使沥青微粒具有亲水性,从而均匀稳定地分散于水中,形成乳化沥青。

乳化剂是乳化过程中使体系稳定存在的关键。乳化作用中,沥青微粒与水两相界面处构成的界面膜能够将微粒包裹,减弱了受破坏的作用,同时可以有效避免沥青微粒的聚结。界面膜的性质与乳化剂的结构和用量有紧密的关系,乳化剂的结构与用量的差异就会直接影响乳化沥青储存的稳定性。乳化剂的作用是降低乳浊液中各种成分之间的表面张力,减小它们之间的排斥作用,使其更加均匀稳定的存在。沥青乳化剂能够乳化沥青及乳液能稳定存在主要可以从三方面机理来解释:沥青-水两相界面的表面张力,乳化剂界面膜的隔离,以及双电层的稳定机理。乳化过程中,当沥青微粒与水接触时,形成沥青-水界面即油水界面,而油水界面分子受两相分子的吸引力形式和大小不同,从而产生的表面张力大小不同,因为范德华力和氢键的共同作用,水的表面张力要大于沥青的表面张力,所以两相不易相溶。根据相似相溶的原理,乳化剂分子的亲水基团可以令乳化剂分子插入水中,而乳化剂分子的亲油基团则会阻止这一趋势,并使得分子有插入油相中的倾向,这有效地降低了水的表面张力,使界面处的张力得到平衡。

乳化过程是将两种互不相溶的液体混合均匀(需加入乳化剂)的操作过程。均质过程则是将悬浊液、乳浊液,通过破碎、混合达到微粒化和均匀化的操作过程。乳化沥青生产是一个复杂的过程,乳化和均质两种过程状态随温度和压力的变化而相互转换。

3.1.4 破乳机理

沥青乳液的破乳可分为两个方面:沥青乳液在静置储存时期的失稳状态和沥青乳液与矿料拌和时的破乳过程。

(1) 沥青乳液的失稳形势

沥青乳液在储存过程中的失稳状态(图 3-2)主要包括以下几种:①沉降:因重力作用而导致乳液液滴的沉降或上浮;②絮凝:在范德华力的作用下,乳液液滴相互碰撞形成絮凝状态,这种状态属于可逆过程。在外力搅拌的作用下,絮凝的乳液液滴可以重新分散;③团聚:沥青微粒相互碰撞造成界面膜破裂使得微粒相互融合。聚结属于不可逆过程,是沥青乳液稳定性被破坏的主要原因;④乳析:与沉降相反,通常发生在稀释沥青乳化或者有很多溶剂的情况下。

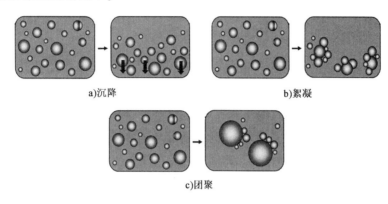

图 3-2　沥青乳液失稳过程

(2) 沥青乳液与矿料拌和时的破乳过程

①乳化沥青与石料反应:乳化沥青被石料吸附于表面,这个过程比表面积和石料表面的化学特性至关重要。集料越细,比表面积越大,反应活性也越大。此外,反应速度还取决于环境温度。

②pH 变化引起的乳化沥青破乳:阳离子乳化剂,石料遇水释放出[OH]$^-$,与酸化乳化剂用到的酸发生中和反应,使乳化剂失活,从而使乳化沥青破乳;阴离子乳化剂遇到 Ca^{2+}、Mg^{2+} 离子电荷被屏蔽,进而失活,造成乳化沥青破乳;脂肪胺类乳化剂一般对于 pH 值的变化更敏感;季铵盐和非离子乳化剂则一般不受 pH 值变化的影响,如图 3-3 所示。

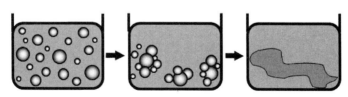

图 3-3　电荷作用引发破乳过程

此外,沥青的酸值会影响到沥青颗粒表面的电荷,从而引发破乳。水泥和石灰则会造成 pH 值得升高,加速破乳。

③拌和过程中的杂凝聚与电泳:所谓杂凝聚是指沥青颗粒与矿物粉料的凝聚(图3-4)。乳液表面电荷被集料表面的相反电荷破坏,在冷拌过程中是一个非常重要的机理。水相中的自由乳化剂可以迅速减少矿物的电荷,这将延缓破乳进程。沥青颗粒会聚集于带有相反电荷的矿物表面,小颗粒会像胶乳一样,速度更快。

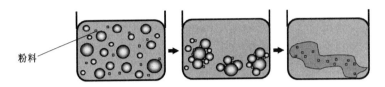

图3-4 粉料参与下的杂凝聚过程

④水分蒸发:水分蒸发强迫颗粒与颗粒之间靠拢。包含有矿物颗粒的体系在水分蒸发过程中,沥青颗粒也会与矿物颗粒靠拢,水分蒸发使连续相被浓缩,乳液中原有的离子(以及拌和过程中从矿物、水泥中析出的离子)最终在过高的离子浓度下造成离子凝结,在矿料表层形成连续相。在自然条件下,连续相被风干,矿料表面形成沥青薄膜,如图3-5所示。过快的蒸发会造成表面结皮,反而会阻碍进一步的蒸发。

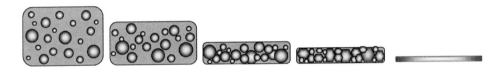

图3-5 水分蒸发胶乳成膜过程

综上,乳化沥青破乳过程中尚受到很多因素的影响,如矿料级配拌和温度、拌和方式、乳液稳定性、外加水量、施工时自然环境条件等。

3.2 改性乳化沥青

伴随着乳化沥青发展,现阶段可将改性乳化沥青分成两类:一类是先乳化,再通过胶乳的添加对乳化沥青进行改性,以SBR改性乳化沥青为代表;另一类是先对沥青进行改性,再进行乳化,以SBS改性乳化沥青为代表。

改性乳化沥青作为微表处体系中最重要的原材料之一,其性能优劣直接影响微表处的使用效果及寿命。SBS改性微表处中,乳化沥青的生产是先将黏结料进行改性,然后再实施乳化,是一种对黏结料进行改善、进而实施的微表处体系;而SBR微表处中,改性乳化沥青的生产则采用的是同步或后添加胶乳到乳化沥青中的生产方式,是一种针对混合料进行改善的微表处体系。虽然在沥青完全恢复成型后,两者区别不大。但是在混合料成型的早期,SBS 和 SBR 体系差异较大,引起这些差异的原因与材料本身性质以及混合料成型机理关系密切。

3.2.1 乳化沥青制备

制备 SBS 改性乳化沥青和 SBR 改性乳化沥青所采用的基质沥青均为壳牌 70 号重交石油沥青,乳化沥青配方如表 3-1 所示。

两类体系乳化沥青配方 表 3-1

项 目	材 料	SBS 体系	SBR 体系
沥青相	重交沥青	—	60%
	改性沥青	60%	—
	促进剂(基于沥青,按外掺计)	1%	1%
皂液相	Redicote C500	1.6%	1.6%
	Indulin 1468	—	3.2%
	$CaCl_2$	0.1%	0.1%
	羟丙基纤维素醚	0.03%	0.03%
	pH	2.2	2.2

3.2.2 混合料性能测试

(1)拌和试验

选择 9 种石料,按照相同的乳化沥青用量、外加水量及水泥用量来进行拌和试验,试验结果参见表 3-2。

不同石料相同材料用量可拌和时间比较 表 3-2

石 料 来 源	SBR 体系	SBS 体系
山西平定	2min10s	2min
内蒙古赤峰	>3min	>3min
黑龙江双鸭山	>3min	>3min
广东河源	2min10s	1min50s
北京(易县玄武岩+本地石灰岩)	2min30s	2min20s
甘肃天水	>3min	>3min

续上表

石料来源	SBR 体系	SBS 体系
河北赞皇	2min25s	1min55s
浙江建德	>3min	>3min
江西赣南	1min55s	1min40s

由结果可知,两种体系的稠度稍显区别且差异并不显著,主要趋势为SBS体系的稠度略低,而SBR体系的稠度较高;从可拌和时间方面来说,SBR乳化体系的可拌和时间相比SBS体系区别较大,前者的拌和时间更长;若将两种体系初始稠度调节到类似状态,则SBS体系的可拌和时间更短。

（2）内聚力试验

对上述几种石料分别进行了内聚力测试,试验结果参见表3-3。

不同石料内聚力比较　　　　　　　　　　　　　　表3-3

改性体系	内聚力（kg·cm）			
	30min	60min	90min	120min
SBR 体系	15	18	20	22
SBS 体系	12	15	22	24

由试验可知,即在室温条件下SBS体系早期的强度低于SBR体系。随着时间推移,SBS体系的内聚力提高幅度远大于SBR体系,且最终超过SBR。

3.2.3　两种体系的改性乳化机理

SBS改性乳化沥青是通过胶体磨直接将改性沥青制备而成的单一分散相的乳液体系;而在SBR体系中,除了乳化沥青颗粒以外,还有大量的胶乳颗粒分散,如图3-6所示。

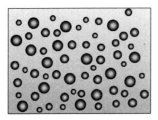
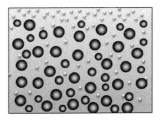

a)SBS乳液体系　　　　b)SBR乳液体系

图3-6　两种乳液颗粒分别示意图

粒径在 0.1~0.2μm 的胶乳颗粒虽然对于乳化沥青混合料性能有较大幅度的改善，但是对两类体系下混合料拌和、成型的早期强度的影响有所不同：

(1)胶乳的破乳与沥青完全不同。通常来说，胶乳伴随着水分蒸发及被石料本身吸收，胶乳层会变得更为紧密，只要外界温度大于胶乳本身的最低成膜温度(MFT)，胶乳颗粒就会被挤压变形，形成紧密排列的薄膜，而这层薄膜又会使得水分的蒸发速度降低，当外界温度高于胶乳本身的玻璃化温度(T_g)，乳化剂失去活性，使得胶乳形成连续膜，具体如图 3-7 所示。

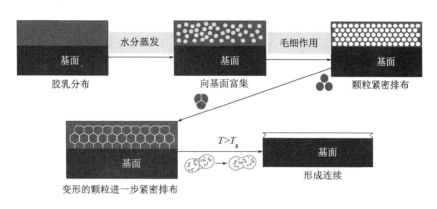

图 3-7 胶乳破乳过程

(2)不同类型石料活性对乳化沥青破乳影响相差较大。相比较单纯的胶乳破乳过程，乳化沥青的破乳更为复杂。作为阳离子乳化剂的一种，酰胺类乳化剂有利于使沥青颗粒附着于集料表面。其一旦遇到 OH^- 根，被 H^+ 活化的乳化剂本身就会因为酸碱中和反应而失活。石料一般会在遇水后释放出 OH^- 根，其释放的速度又受到石料本身的活性以及外界温度的影响。通常来说粒径小于 0.075mm 的石粉比表面积是粒径为 2.36mm 石屑的 20 倍以上。因此，粉料越多，石料比表面积越大，其反应活性越高。

3.2.4 拌和特性及机理分析

SBR 乳化体系的可拌和时间高于 SBS 体系，分析原因如下：

(1)对 SBS 体系微表处，由于分散相仅仅改性沥青一种，所以其拌和-摊铺-成型过程，除了以上分析的受到石料及沥青化学性质、石料级配以及外界温度、光照、风速影响外，乳化沥青本身所带的正电荷会在与石料拌和的第一时间被石料表面的负电荷所破坏，造成了乳化沥青颗粒表面电荷减弱，使得颗粒间的排斥力降低，进而形成絮凝现象。相比较胶乳，乳化沥青的粒径分布区间更广，一般会在 1~20μm 之间。其中一些较大的沥青颗粒与集料中粉料的粒径差异较小或大于粉料的粒径,所以伴随着絮凝现象的发生,就会形成沥青与粉料相互包裹的复杂絮凝体。最终,絮凝体水分被挤出,形成沥青玛琋脂;而粒径较小的沥青颗粒,则与胶乳一样,在电泳作用下向颗粒较大的石料表面上靠拢。

(2)胶乳改性乳化沥青则将两种破乳形式交织在一起。在使用这个含有两种不同粒径分散相的体系进行作业的过程中,水分受到毛细作用以及其在与石料、空气接触点上的蒸发速率大于其中心的蒸发速率的影响,水分子会向石料表面的流动,这种流动会将大量粒径更为细小的胶乳颗粒先于沥青颗粒带到三者接触线上并沉积到基材表面,进而形成一层胶乳为主,局部混有沥青的薄膜。其他的沥青乳液体系则发生上述 SBS 改性体系的现象,形成了由普通沥青、掺杂少量丁苯胶颗粒的沥青玛蹄脂。由于胶乳薄膜可以降低水分蒸发速度,同时该层薄膜也延缓了水分和石料反应释放 OH^- 根的速度,所以 SBR 体系的拌和时间得到了延长。因此,可认为 SBS 体系是一种由改性沥青玛琋脂形成的混合料形式。

(3)SBR 体系则包含了两个阶段:初始阶段为胶乳膜包裹或束缚着普通沥青玛琋脂与石料形成的一种混合料;后期则逐渐对混合料整体进行改性以提高混合料性能。

(4)SBR 颗粒的填充,加之普通乳化沥青体系中沥青粒径大于改性乳化沥青体系,使得体系内自由水空间减少,所以它对乳化沥青以及乳化沥青混合料在黏度方面都有提高的作用,而这也会在拌和时间方面对微表处有所帮助。

综上,通过对沥青进行改性,使沥青抗应变能力提高,有利于大幅度提高后期沥青混合料的性能,但是在乳化沥青从絮凝体转变为团聚体,进而转变为连续膜的难度也相应提高,表现为混合料初期的内聚力 SBR 体系要高于 SBS 体系。但是从实际应用效果来看,这种内聚力的差异并不影响 SBS 体系开放交通的时间。从后期对 WTAT 及以往 LWT 和 Schulze-Breuer&Ruck 的结果比较来看,石料与乳化沥青配伍性的影响要远大于两种体系不同带来的影响。

3.3 高性能改性乳化沥青原材料配伍设计

道路用乳化沥青主要分为普通的道路石油沥青经乳化形成的乳化沥青和高分子聚合物改性沥青经乳化形成的改性乳化沥青。

乳化沥青主要由石油沥青、水、乳化剂和添加剂等原材料组成。其中,石油沥青和水是主要原材料,石油沥青一般占总量的50%～65%,水在沥青乳液中占35%～50%,乳化剂是关键原材料,添加剂是辅助原材料,也称助剂、外加剂。其中,由添加剂、水及乳化剂组成的溶液称为乳化剂水溶液,也称为皂液。试验表明,沥青材料、乳化剂、改性材料这三者的性能和相互匹配程度,是决定改性乳化沥青材料路用技术性能优劣的关键因素。

3.3.1 沥青选择

乳化沥青破乳后性能的好坏主要取决于生产乳化沥青时沥青的性能。沥青的选择要从两方面考虑:一是符合道路工程使用要求,二是要易乳化。目前应用最多的是性能优良的石油沥青。石油沥青主要由芳香分、饱和分、沥青质、胶质等组成,其化学组成成分不同,乳化时的难易程度及乳化沥青性能也随之变化。

乳化沥青的易乳化性主要通过实验室内的小试、检测、分析、比较来确定。影响乳化沥青易乳化性的因素主要有以下几个方面:

(1)沥青的胶体结构

根据沥青的胶体结构理论,可以把沥青分为:溶胶结构型、凝胶结构型和溶-凝胶结构型三类。从乳化的角度来看,溶胶结构型沥青最易乳化,因为其中的油分含量多,沥青质含量很少甚至不含沥青质,并且相对分子量也小,胶粒或胶团完全分散于油分中,胶粒或胶团之间没有吸引力或者吸引力极小,易于被剪切分散,形成稳定的乳液。凝胶结构型沥青最难乳化。在满足道路工程使用要求的前提下,溶-凝胶型沥青是最适合的乳化沥青原材料。

(2)沥青的极性

对于乳化沥青体系的界面张力,沥青质和芳香分含量越高,杂原子含量越高,氢碳原子比越低,芳香碳率、环烷碳率、芳香环缩合度越高,烷基碳率越低,沥青界面张力越低,界面活性越高,沥青的极性是影响界面张力的主要因素。而对于乳化沥青体系的稳定性,储存稳定性仅仅与沥青的四组分含量具有较好的相关性,与其他性能之间的相关性较差,沥青质存在形式、分散状况,胶质和沥青质的增黏作用以及它们之间的协同作用是影响稳定性的主要因素。

(3)黏度

乳化沥青是将热熔的石油沥青,经过机械作用,以细小的微粒分散到含有乳化剂、稳定剂的水溶液中形成的水包油乳状液。沥青加入胶体磨时的黏度决定了沥青的分散效果。通常情况下,黏度较大的硬沥青更难乳化。

(4)含蜡量

随含蜡量的升高,沥青变得越来越难以乳化;同时,乳化剂用量越大,相同乳化剂产量下,乳液稳定性越差;含蜡量对蒸发残留物的性能也有较大影响,尤其是延度。通常要求沥青中蜡含量应不大于3%,本书提出的同步纤维磨耗层乳化沥青所用石油沥青技术标准须满足《公路沥青路面施工技术规范》(JTG F40—2004)规定的原料沥青的性能。同时,我国现行施工规范规定,黏层材料喷洒型乳化沥青采用快裂或中裂乳化沥青、改性乳化沥青,所使用的基质沥青的种类、标号应采用与面层相同的道路石油沥青。笔者研究使用单独一个批次的改性原料沥青进行试验比对,从而最大限度地减少因原料沥青变化造成的数据偏差。试验采用90号基质沥青A的基本指标如表3-4所示。

90 号基质沥青 A 技术指标　　　　表 3-4

指　　标	试 验 结 果	技 术 要 求	试 验 方 法
针入度(25℃,5s,100g)(0.1mm)	82	80~100	T 0604
软化点(R&B)(℃)	46.7	≥45	T 0606
5℃延度(cm)	40	≥35	T 0605
10℃延度(cm)	>100	≥45	T 0605
15℃延度(cm)	>100	≥100	T 0605
闪点(℃)	275	≥245	T 0611
溶解度(%)	99.7	≥99.5	T 0607
相对密度(15℃)(g/cm³)	1.04	实测	T 0603
蜡含量(%)	1.67	≤2	T 0615
TFOT(或RTFOT)后　质量变化(%)	0.037	≤±0.8	T 0609/T 0610
TFOT(或RTFOT)后　残留针入度比(25℃)(%)	58.79	≥57	T 0604
TFOT(或RTFOT)后　残留延度(5℃)(cm)	9.45	≥8	T 0605

3.3.2 改性剂

改性乳化沥青中改性剂的用量很小,约为沥青用量的3%~5%,但在改善基质沥青的品质上起决定性作用,是改性乳化沥青区别于普通乳化沥青的最主要特点之一。

改性乳化沥青中的改性剂材料主要是指高分子聚合物,主要包括橡胶、树脂、纤维、热塑性弹性体四大类。道路工程中应用较多的有三类:热塑性弹性体类的SBS改性沥青、橡胶类的 SBR 改性沥青及树脂类的 EVA 或 PE 改性沥青。高分子聚合物一般呈固态或液态,或是溶于溶剂形成的高分子聚合物溶液,亦可是以水为分散介质的乳状液,即胶乳。胶乳属于热力学不稳定体系,同时胶乳的性能还要满足道路工程的要求。因此,应该选配合适的橡胶胶乳来制备改性乳化沥青。乳化沥青与橡胶胶乳混合的基本条件有以下几点:

①乳液离子特性应基本一致。胶乳微粒离子电荷应和沥青乳化剂分子所带电荷相匹配,如:同是阳离子、同是阴离子、可与阳离子或阴离子相匹配的非离子。若两种乳液离子不相匹配,则会消耗掉一部分沥青乳化剂,严重时甚至会引起破乳,达不到改性的目的。

②乳化剂亲水亲油平衡(HLB)值基本一致。乳化剂剂分子中亲水基和亲油基之间的大小和力量平衡程度的量,定义为外表活性剂的亲水亲油平衡值(HLB)。两种乳化剂混合会使共混物的 HLB 值发生变化,改变乳液的乳化体系性质和油水包裹状态,造成乳化沥青稳定性变差。

③密度基本一致。乳液密度不一致会导致两种乳液在混合分层,影响均匀性与稳定性。

④酸碱性(pH 值)基本一致。pH 值不合适时,无论乳化剂的浓度、皂液的温度如何调整,乳化剂都不能将沥青很好地分散,乳化效果差。

⑤表面张力基本一致。表面张力的变化同样改变乳液的乳化体系性质和油水包裹状态,对乳化沥青稳定性造成影响。

以上 5 个条件中,若有一个不能满足要求,均会引起稳定体系产生聚沉而遭到破坏。常见的改性剂胶乳有以下 4 种类型:

①热塑性丁苯橡胶胶乳。

热塑性丁苯橡胶(SBS)产品制备工艺较为复杂,需要先配制 SBS 溶液,使 SBS 在有机溶剂中充分溶胀;而后采用阳离子-非离子复合乳化剂对 SBS 溶液进行乳化,最后对 SBS 胶乳进行减压蒸馏浓缩,最终得到具有良好稳定性的 SBS 胶乳。SBS 胶乳能显著增强乳化沥青混合料的高温、低温性能、抗疲劳抗老化性能及温度敏感性。但其制备工艺复杂,因此价格较高。

②丁苯橡胶胶乳。

丁苯橡胶(SBR)胶乳是由苯乙烯和丁二烯两种单体乳液通过聚合法生产的,有阳离子型、阴离子型、非离子-阴离子复合型等几种。丁苯橡胶胶乳可以明显提高沥青与石料的黏附性、抗裂性和低温延性,兼具良好的耐老化性、耐热性和耐腐蚀性及较高的稀释稳定性,是综合性能较好的通用型合成胶乳,而且品种多、价格低、市场供货稳定,因此可广泛用于乳化沥青改性。

③氯丁橡胶胶乳。

氯丁橡胶(CR)胶乳是由氯丁二烯单体乳液聚合生产的,具有较强的黏合能力,成膜性能较好,并具有耐油、耐溶剂、耐老化等性能。最大缺点是耐寒性能差、易硬化、贮存稳定性差。氯丁胶乳能明显改善乳化沥青的黏附性、耐老化性、耐化学腐蚀等性能。但其价格比丁苯胶乳高,致使改性乳化沥青成本提高,所以实际使用并不普遍。

④乙烯-乙酸乙烯酯共聚物胶乳。

乙烯-乙酸乙烯酯共聚物(EVA)是以乙烯和乙酸乙烯酯为单体共聚合生产的,是一种树脂类改性剂,形成的产品有固体、溶液、乳液。EVA 的性能与乙酸(VA)含量有密切关系,也与分子量的大小有关,物性差异很大。EVA 胶乳中 VA 含量较高,故耐老化性、耐水性、耐化学品性都相对降低,但黏结力特强,是良好的层间黏结料。EVA 胶乳一般为非离子型,与乳化沥青容易掺配均匀,稳定性好。一般随着 EVA 胶乳掺量的增加,沥青针入度下降、软化点增加。国内目前常用的改性乳化沥青改性材料品种及性能见表3-5。

改性剂胶乳改善沥青路用性能的范围　　　　　　表3-5

改性剂胶乳	参考用量(占沥青含量,%)	改 善 性 能
SBS 胶乳	3~6	高温、低温性能、耐久性及温度敏感性
SBR 胶乳	2~5	低温、温度敏感性
CR 胶乳	2~4	温度敏感性
EVA 胶乳	3~6	高温稳定性、耐久性

综上所述,可作为沥青改性剂的种类较多,改性侧重点各不相同,本书中基于现有设备及生产工艺的要求,共生产两种乳化沥青:一种为 SBS 改性乳化沥青,另一种为 SBR 改性乳化沥青,其中 SBS 改性乳化沥青采用先改性后乳化的生产工艺,SBR 改性乳化沥青采用先乳化后改性的生产工艺。所以最终选择的为改性剂固体 SBS 改性剂和胶乳型 SBR 改性剂。

3.3.3 乳化剂

沥青乳化剂分子结构可形象地描绘极性头加非极性尾,即由亲水的极性基和亲油的非极性基所组成,形成一头明显亲水,另一头明显疏水的不对称两亲结构。沥青乳化剂的非极性基一般是碳氢疏水基团,极性基为离子型或非离子型亲水基团。在油水溶液中加入乳化剂后,乳化剂的两个基团产生定向排列,将油水两个界面连接起来,从而防止它们之间的相互排斥作用,搅拌分散后,沥青可以以微粒形式稳定地分散于水中。

乳化剂在乳化沥青中所占的比例很小,一般在0.3%~5%之间,但乳化剂对乳化沥青的生产、储存以及对混合料的施工性能都有很大的影响。此外,乳化剂的加入在一定程度上改变沥青性质,所以必须根据乳化沥青的用途有针对性地挑选乳化剂。例如,用于微表处乳化沥青的乳化剂,要求破乳快,强度形成早;而用于透层乳化沥青的乳化剂则要求破乳慢,具有较强的渗透能力;用于冷拌沥青混合料乳化沥青的乳化剂要求破乳可调性强,与石料的裹覆能力强。除了考虑用途之外,乳化剂的选择还应考虑以下因素:

(1)沥青的类型、型号及产地;

(2)集料类型及级配的变化;

(3)对于改性乳化沥青来说,改性剂的品种直接影响乳化剂品种的选择;

(4)冷拌沥青混合料的施工机械型号、施工气温的变化、可能出现的不利因素;

(5)外地使用成功的乳化剂,不宜直接照搬套用,应结合当地的实际情况(沥青品种、集料级配、气候变化等因素)进行室内试验、取得预期结果后方可进行现场试铺;

(6)掌握乳化剂的有效物含量与实物价格。有的乳化剂价格高、含量高、但用量少,计算乳化剂费用不高,而有的乳化剂价格低,但含量低、用量大,计算乳化剂成本反而高,选择乳化剂要注意这些因素。

综上,在进行乳化剂选择时,首先要明确生产乳化沥青的用途,再综合考虑上述几种因素,选择合适的乳化剂进行乳化沥青试生产。

对于同步施工沥青混凝土磨耗层,要求黏结材料能够快速破乳且迅速恢复黏结能力,并在高温下能够上升到混合料的空隙中,这就要求该材料必须具有超级快裂、早期强度形成快的特点。快裂是为了保证乳化沥青在热量的提升作用后,能够马上破乳,快速固化,形成一层均匀稳定的沥青膜。

3.3.4　水

水在改性乳化沥青中约占40%~50%,同样是改性乳化沥青的重要组成部分之一。水既承担着分散相-沥青的分散介质,同时也扮演着乳化剂、pH值调节剂、稳定剂等原材料溶剂的角色,此外,它还能起到延缓化学反应进程的作用,这些均对制备性能优越的改性乳化沥青起到促进作用。除了在沥青乳化过程中所起的这些关键作用外,水在乳化沥青施工过程中同样起着重要的作用。水具有润湿、黏附及成膜的作用,当改性乳化沥青与集料拌和或喷洒到集料上时,水能迅速润湿干燥集料,并吸附于集料表面,形成一层薄水膜,促使乳化沥青破乳。

由于水中可能溶解或悬浮着各种化学物质而含有钙或镁离子,从而影响皂液的pH值,损坏沥青乳化效果或者引起过早的破乳,因此在乳化沥青原材料选择时,水也是应当被予以关注的关键方面。改性乳化沥青用水主要从外观、pH值、硬度三方面指标来选取。首先改性乳化沥青用水应是外观为无色透明,无悬浮和沉淀物的水;其次,水的pH值应在6.0~8.5范围内;一般为软水,水的硬度应小于$8°dH$。

3.3.5 添加剂

在沥青喷洒后单纯依靠增加乳化体系中沥青的含量,既会增加乳化沥青的原材料成本和生产成本,又会对后期乳化沥青的品质造成一系列的负面影响。在改性乳化沥青中添加乳化体系助剂的目的是不增加沥青的用量。

3.4 拌和用改性乳化沥青配方设计

拌和用改性乳化沥青根据前期的对比试验生产工艺,确定先改性后乳化的方法制备SBS改性乳化沥青。首先制备试验所需的SBS改性沥青,研究其性能,确定SBS改性剂的最佳含量,然后通过使用不同的乳化剂,通过乳化沥青的稳定性,优选乳化剂的种类和用量。

3.4.1 SBS改性剂的最佳含量

为了考察SBS掺入剂量对基质沥青改性效果的关系,通过改变不同SBS剂量对基质沥青A进行了改性效果研究。结果表明,随SBS剂量的增加,沥青的针入度减小、软化点升高。但当SBS剂量比例达6%以上时,改性效果微弱。从60℃黏度、5℃延度及弹性范围等改性沥青关键指标看,SBS剂量比例从3%增大到6%是比较适宜的;在3%~6%剂量比例范围内,改性沥青的各项性质较优,而小于此剂量比例范围,对延度指标有明显改善,而对针入度、黏度等指标则效果不大,大于此剂量比例则总体增效甚小。

综合试验结果,同时考虑经济实用的原则,本书采用3.5%改性剂剂量制备SBS改性乳化沥青。

3.4.2 乳化剂的筛选及用量

(1)乳化剂优选

按本书确定的制备工艺条件,在油水比为6.7∶3.3、乳化剂用量为沥青与水总质量的0.3%、改性剂用量为沥青总质量的5%,以及其余试验条件相同的条件下,对四种乳化剂分别进行试验,配方见表3-6。采用改性乳化沥青筛上剩余量评价乳化剂对沥青的乳化效果,对比分析不同乳化剂对改性乳化沥青蒸发残留物三大指标的影响,如表3-7所示。

四种改性乳化沥青配方及试验参数表　　　　表3-6

配方编号	乳化剂		皂液		水(%)	沥青	
	品种	用量(%)	pH值	温度(℃)		SBS改性剂(%)	温度(℃)
①	MQ3	1.6	2~2.2	60	38	3.5	165~175
②	MQK-1M	1.6	2~2.2	60		3.5	165~175
③	C500	1.6	2~2.2	60		3.5	165~175
④	PLS	1.6	2~2.2	60		3.5	165~175

不同乳化剂的乳化性能对比　　　　表3-7

配方编号	筛上剩余量(1.18mm)(%)	蒸发残留物性质			
		针入度(0.1mm)	软化点(℃)	5℃延度(cm)	25℃弹性恢复(%)
①	0.048	86	55.5	48	76
②	0.074	87	56.5	48	73
③	0.032	85	57.5	45	83
④	0.14	84	57.3	42	74

①筛上剩余量表征了改性乳化沥青中沥青微粒的粒径大小及均匀程度,是衡量改性乳化沥青质量好坏的重要指标。从表3-7可知,试验选择的配方①~配方③中的乳化剂制备出的改性乳化沥青1.18mm筛上剩余量均满足《公路沥青路面预防性养护技术规范》(JTG 5142-01—2021)规定的小于或等于0.1%的规定。其中配方③中使用的C500

乳化剂制成的改性乳化沥青的筛上剩余量为 0.032%，MQK-1 以及 MQ3 乳化剂制成的改性乳化沥青的筛上剩余量次之。如前文所述，在添加工艺的方便性方面考虑，从 C500 到 PLS，使用的方便性依次降低：C500 > MQ3 > MQK-1M > PLS。不同乳化剂的乳化性能对比如图 3-7 所示。

②沥青最基本的指标通过延度、针入度、软化点三大指标反映。由于乳化剂的残留对沥青性能将产生一定的影响，通常表现在沥青延度的损失。四种乳化剂制成的乳化沥青蒸发后残留物的三大指标均满足规范要求，且相差不大。

综上，本书选用配方③中的 C500 乳化剂。

（2）乳化剂用量确定

选定了 C500 乳化剂后，为了研究乳化剂的最佳掺量，取乳化剂用量为 0.3%、0.5%、0.7%、0.9%、1.2%，其余条件不变，按 SBS 改性乳化沥青生产工艺配制成品乳化沥青，在此基础上对乳化沥青筛上剩余量、蒸发残留物三大指标进行试验，具体的试验结果如表 3-8 所示。

不同剂量乳化剂的乳化性能对比　　　　表 3-8

C500 乳化剂掺量（%）	筛上剩余量（1.18mm）（%）	蒸发残留物性质		
		针入度（0.1mm）	软化点（℃）	5℃延度（cm）
0.3	0.032	85	57.5	45
0.5	0.023	86	57.2	45
0.7	0.014	88	55.9	46
0.9	0.008	83	56.8	43
1.1	0.003	84	57.1	42

上述试验表明：

随着乳化剂掺量的增加，筛上剩余量逐渐减小，且均满足规范规定的不大于 0.1% 的要求。总体上看，蒸发残留物三大指标随乳化剂掺量的数值变化波动不大。

针入度、延度随乳化剂剂量变化的规律均是先增后减，两个指标基本在乳化剂剂量 0.7% 左右达到峰值。软化点则在 0.7% 剂量时出现最低值。

当乳化剂剂量较少时，难以将沥青分散成细小、均匀、稳定的沥青微粒，乳化效果不佳，乳化剂达到一定剂量后，即可发挥出更优越的乳化性能，制得性能更佳的改性乳化沥青。综上，本书确定的乳化剂的剂量为 0.7%。

3.5 改性乳化沥青技术标准

纤维磨耗层拌和须使用专用 SBS 改性乳化沥青,以满足磨耗层强度、耐久度等性能要求。参照同步纤维磨耗层施工工艺特点及国内外相关标准规范,提出拌和型聚合物改性乳化沥青的技术指标,如表 3-9 所示。

拌和型改性乳化沥青技术要求　　表 3-9

试验项目		技术指标要求	试验方法
破乳速度		慢裂/慢裂快凝	T 0658
粒子电荷		阳离子(+)	T 0653
筛上剩余量(1.18 mm)(%)		≤0.1	T 0652
黏度	赛波特黏度试验(25℃)(s)	20~100	T 0623
	恩格拉黏度(25℃)(s)	5~30	T 0622
蒸发残留物性质	固含量(%)	≥60	T 0651
	针入度(100g,25℃,5s)(0.1mm)	40~100	T 0604
	软化点(℃)	≥57	T 0606
	延度(5℃)(cm)	≥20	T 0605
	溶解度(三氯乙烯)(%)	≥97.5	T 0607
	25℃弹性恢复(%)	≥80	T 0662
储存稳定性(%)	1d	≤1	T 0655
	5d	≤5	

注:1. 破乳速度与集料黏附性、拌和试验、集料品种有关,施工过程质量检验时,须采用实际的集料试验。
　　2. 恩格拉黏度和赛波特黏度指标任选其一检测。

按照乳化技术标准,对本书自行研制的拌和型高性能改性乳化沥青进行试验,试验结果如表 3-10 所示。

拌和型高性能改性乳化沥青试验结果　　表 3-10

试验		测试结果	规范要求	试验方法
1.18mm 筛上剩余量试验(%)		0.015	≤0.1	T 0652
赛波特黏度试验(25℃)(s)		30.0	20~100	T 0623
蒸发残留物性质	固含量(%)	62.0	≥60	T 0651
	针入度(25℃,100g,5s)(0.1mm)	86	40~100	T 0604

续上表

试　　验		测试结果	规范要求	试验方法
蒸发残留物性质	延度(5℃,5cm/min)(cm)	29	≥20	T 0605
	软化点(℃)	57.6	≥57	T 0606
	溶解度(%)	99.0	≥97.5	T 0607
	25℃弹性恢复(%)	85	≥80	T 0662
储存稳定性试验(1d)(%)		0.16	≤1.0	T 0656

本书研制配方的改性乳化沥青性能满足同步快速处治技术对改性乳化沥青的要求。

第 4 章
CHAPTER 4

纤维磨耗层混合料配合比设计

同步纤维磨耗层是由多种材料组成的一种复合材料,适用于高等级公路的表面磨耗层,一般使用于交通量较大的路段。用于沥青路面预防性养护时,其养护效果受到交通荷载、气候环境等诸多因素的影响。同步纤维磨耗层作为表面层,直接承受车辆荷载与环境作用,其混合料设计优劣直接关系到路用性能及耐久性。为了使同步纤维磨耗层在各种因素综合作用下,保持良好的使用功能,本章将从原材料、级配设计、混合料设计、混合料性能等方面对同步纤维磨耗层稀浆混合料设计及性能验证进行介绍。

4.1 原材料的技术要求和指标

同步纤维磨耗层的适用定位与微表处相近,对原材料的指标遵照《公路沥青路面预防性养护技术规范》(JTG 5142-01—2021),参照《微表处和稀浆封层技术指南》,结合《公路沥青路面施工规范》(JTG F40—2004)选用。

4.1.1 矿料

矿料包括粗集料、细集料,要求矿料与改性乳化沥青间界面黏结能力强,拌和性与破乳固化性等适应同步纤维磨耗层的需要;矿料要多棱角,坚硬且耐久性好,质量均匀、洁净、无黏土等有害物质,其技术要求应符合表4-1。

同步纤维磨耗层用矿料技术要求　　　　表4-1

材料名称	试验指标	技术要求	试验方法	备注
粗集料	压碎值(%)	≤26	T 0316	—
	洛杉矶磨耗损失(%)	≤25	T 0317	—
	磨光值	≥42	T 0321	—
	坚固性(%)	≤12	T 0314	—
	针片状含量(%)	≤15	T 0312	—
	吸水率(%)	≤2	T 0304	—
	水洗法<0.075mm 颗粒含量	≤1	T 0310	—

续上表

材料名称	试验指标	技术要求	试验方法	备注
细集料	坚固性(%)	≤12	T 0340	>0.3mm 部分
	表观相对密度	≥2.6	T 0316	—
合成矿料	砂当量(%)	≥65	T 0334	合成矿料中<4.75mm 部分
	亚甲蓝	≤25	T 0349	合成矿料中<2.36mm 部分

同步纤维磨耗层用作高等级公路的路面表层,要求有优良的抗滑性能,且不易随时间而衰减。因此,要求矿料中的粗集料必须是耐磨的硬质石料。

4.1.2 填料

同步纤维磨耗层掺加填料,主要作用在于:改善矿料级配、促进混合料的和易性、调节破乳速度。同步纤维磨耗层矿料中可掺加矿粉、水泥、消石灰等填料。

(1)矿粉

同步纤维磨耗层用的矿粉必须采用石灰岩或岩浆岩中的强基性岩石等憎水性石料经磨细得到的矿粉,不可使用拌和楼回收粉尘作为矿粉使用。原石料中的泥土杂质应除净。矿粉应干燥、洁净、疏松、无结团,能自由地从矿粉仓流出,其质量应符合表4-2的技术要求。

同步纤维磨耗层用矿粉质量要求 表4-2

试验指标		技术要求	试验方法
表观密度(t/m³)		≥2.50	T 0352
含水率(%)		≤1.0	T 0103 烘干法
粒径范围(%)	<0.6mm	100	T 0351
	<0.15mm	90~100	
	<0.075mm	75~100	
外观		无团粒结块	—
亲水系数		<1	T 0353
塑性指数(%)		<4	T 0354
加热安定性		实测记录	T 0355

(2)水泥、消石灰

为了调整同步纤维磨耗层的可拌和、成浆状态和成型速度,可在矿粉中掺加适量的消石灰或水泥,具体的掺加量必须通过混合料设计试验予以确定。为了便于质量控制,一般要求在加工厂完成。

4.1.3 改性乳化沥青

同步纤维磨耗层拌和型乳化沥青必须选用阳离子型聚合物改性的乳化沥青,一般地,改性剂剂量不宜小于3%。同步纤维磨耗层用的改性乳化沥青应符合表3-9的规定。

4.1.4 纤维

(1)纤维种类及介绍

在同步纤维磨耗层系统中,纤维是重要的组成材料之一,其性能直接影响到整个系统能否满足路用品质。工程中常使用的纤维分为有机合成纤维和无机纤维两大类。有机合成纤维包括聚丙烯腈纶纤维、聚酯纤维及木质素纤维等,无机纤维主要包括玻璃纤维、以玄武岩为代表的矿物纤维以及钢纤维等。合成纤维一般分散性好,价格便宜,但从工艺的角度,不利于添加。无机纤维分散性一般,但易于使用,目前工程中多采用切刀方式随切断随拌和填加,便于养护过程中连续作业,有较强的推广前景。

①聚酯纤维。聚酯纤维强度高、弹性好、延伸度适中、模量高,具有良好的化学稳定性和耐酸性能,但耐碱性能较差。

②木质素纤维。木质素纤维具有良好的温度和化学稳定性,对人体和环境无不良影响,但易受潮吸水,影响沥青与集料间的黏结强度,使用过程中易老化,不能再生利用。

③玻璃纤维。玻璃质硬易碎,并不适于作为结构用材,但其抽丝后,强度大为增加且具有柔软性,随直径变小其强度增高。玻璃纤维具有拉伸强度高、弹性系数高、吸收冲击能量大、不燃烧、耐化学性和耐热性较好、加工性佳、成本低等优点,被广泛用于复合材料增强材料或无机非金属及复合材料的增强材料,并取得了良好的效果。

④玄武岩纤维。玄武岩纤维具有耐火、耐热、耐酸碱抗腐蚀性,而且与沥青黏附性好,国内已开始大量使用玄武岩纤维。

⑤钢纤维。钢纤维与沥青结合料的黏附性及相容性较差,加之钢纤维与水作用易锈蚀,不宜用于沥青混凝土。

（2）纤维的选择

综合比较各种纤维的优缺点，同步纤维磨耗层推荐使用玻璃纤维为沥青碎石封层所用纤维。同步纤维磨耗层技术所用玻璃纤维平均长度一般为 6~18mm。选用玻璃纤维时，主要考虑以下性能：

①切割难易性；

②分散性；

③复模性；

④浸透性；

⑤退解性。

理想的同步纤维磨耗层用纤维应具有易切割、易分散，复模性优良，浸透性和退解性均佳的特点。

①玻璃纤维分类。

按不同的分类标准，玻璃纤维有多种分类方式。按玻璃原料成分分类的结果如表 4-3 所示。

按玻璃原材料成分分类的玻璃纤维　　　　　表 4-3

类型	无碱玻璃纤维	中碱玻璃纤维	高碱玻璃纤维
碱金属氧化物含量(%)	≤0.5	11.5~12.5	≥15
特点	化学稳定性、电绝缘性能、强度好	化学稳定性、强度尚好	化学稳定性、电绝缘性能、强度差
主要用途	主要用作电绝缘材料、玻璃钢的增强材料等	一般用作乳胶布、方格布基材、酸性过滤布、窗纱基材等，也可作对电性能和强度要求不很严格的玻璃钢增强材料	可用作蓄电池的隔离片、管道包扎布和毡片等防水、防潮材料

按单丝直径分类，玻璃纤维的分类如表 4-4 所示。

按单丝直径分类的玻璃纤维　　　　　表 4-4

类型	粗纤维	初级纤维	中级纤维	高级纤维	超细纤维
单丝直径(μm)	30	20~30	10~20	4~10	<4

②玻璃纤维物理性能要求。

目前，路用玻璃纤维尚无专门统一的标准和规范。参考国内外玻璃纤维厂家及现有研究的成果，同步纤维磨耗层用的玻璃纤维应符合表 4-5 的要求。

同步纤维磨耗层用玻璃纤维技术要求　　　　　表4-5

试 验 指 标	技 术 要 求	试 验 方 法
外观	无影响使用的素质等缺陷,富有光泽;纱筒卷绕紧密成规则圆柱状	GB/T 25045—2010
纤维直径(μm)	5～8	GB/T 7690.5—2013
拉伸强度(MPa)	≥350	GB/T 1447—2005
延伸率(%)	≥2	GB/T 1447—2005
密度(g/cm^3)	≥0.9	GB/T 30019—2013

注:工厂生产的纤维丝成束状,切割成5～8mm的短丝后应将其弹成疏松状。

③纤维与沥青的配伍性设计。

进行纤维与沥青设计的目的是,确保纤维与沥青结合料形成网络缠绕结构,形成类似一层具有高弹性和高强度的防护网垫。

由扫描电镜和沥青-纤维差热扫描分析试验可知,沥青与纤维在常温状态下主要发生物理吸附作用,形成沥青-纤维界面层。因此纤维与沥青两者之间应具有良好的配伍性,使得沥青能够对纤维表面形成良好的浸润或完全浸润,而且在接触面间不留空隙,避免界面出现缺陷和应力集中而降低了界面的黏结强度。沥青与纤维发生吸附作用后,沥青-纤维界面上不应产生小裂缝,以免影响同步纤维磨耗层的防水性能。另外,要控制乳化剂残留物的数量,改性乳化沥青破乳后形成的薄膜中乳化剂残留物的数量要少,因为这些残留物破坏了沥青层的整体性,对路用性能产生不良影响。

当纤维与沥青配伍不佳但是又难以找到替代品时,可以酌情考虑对纤维表面进行处理。例如对玻璃纤维进行偶联剂处理,通过偶联剂的媒介作用使得沥青与纤维表面通过化学键相互结合形成黏结界面,增强界面的黏结性能。

④纤维用量的确定。

纤维是纤维沥青层中抗裂性能的主要提供者,因此纤维的用量关系到同步纤维磨耗层抗裂性能的优劣。纤维用量过低时,难以互相搭接形成空间网状结构,纤维沥青层的抗裂能力就难以充分发挥;反之纤维用量过高,纤维吸附游离沥青过多,纤维沥青层与旧路之间的黏结性能就难以保证。同时前文提到,纤维掺量的提高会增大同步纤维磨耗层的模量,模量的增大会增加层间的剪应力,不利于同步纤维磨耗层与旧路的黏结。此外,对玄武岩纤维、聚丙烯纤维、玻璃纤维和聚酯纤维微表处的湿轮磨耗试验结果表明,纤维用量增加,磨耗值随之增大,当纤维掺量超过0.3%时,上述纤维磨耗层的1h湿轮磨耗值超出《微表处和稀浆封层技术指南》中该值不大于540g/m^{2}的建议;此外,研究表明各类纤维磨耗层的劈裂强度随纤维掺量的增加,存在先增大后减小的过程,其峰值处于

0.2%~0.25%之间。因此,纤维存在一个最佳用量,根据纤维种类不同,最佳用量在0.2%~0.25%之间。

4.1.5 水

同步纤维磨耗层用水不得含有有害的可溶性盐类、能引起化学反应的物质和其他污染物,一般采用可饮用水。改性乳化沥青用水外观应为无色透明,无悬浮和沉淀物的水,pH值应在6.0~8.5之间,一般为软水,硬度应小于8°dH。

4.1.6 添加剂

快速开放交通及冷拌冷铺是同步纤维磨耗层的两个显著特点。为了满足同步纤维磨耗层施工性能的需要,必要时须在拌制混合料中加入添加剂,调节混合料可拌和时间、破乳速度、开放时间及成浆状态等施工性能,并在一定程度上改善混合料的路用性能。

添加剂须与混合料中的其他成分有良好的配伍性,也不应对混合料路用性能产生不利影响。

4.2 同步纤维磨耗层矿料级配

4.2.1 各国常用磨耗层技术的矿料级配对比

(1)微表处

《公路沥青路面预防性养护技术规范》(JTG 5142-01—2021)微表处矿料级配范围如表4-6所示。MS-2、MS-3的矿料级配范围在现行《公路沥青路面养护技术规范》(JTG 5142-01)基础上增加7.2mm通过率的要求,并规定条件不具备时可不对7.2mm筛孔通过率进行控制,除此之外均与现行《公路沥青路面养护技术规范》(JTG 5142)保持一致,并根据国内外工程经验,提出了更粗的MS-4型级配范围,多用于车辙填充。

《公路沥青路面预防性养护技术规范》(JTG 5142-01—2021)

微表处矿料级配范围　　　　　　　　　　　　　　　　　　　　　　　　表 4-6

筛孔 (mm)	通过不同筛孔的质量百分率(%)		
	II	III	IV
13.2	100	100	100
9.5	100	100	88~100
7.2	100	83~96	72~90
4.75	90~100	70~90	60~80
2.36	65~90	45~70	40~60
1.18	45~70	28~50	28~45
0.6	30~50	19~34	19~34
0.3	18~30	12~25	14~25
0.15	10~21	7~18	8~17
0.075	7~12	6~12	4~8

国际稀浆封层协会(ISSA)现行标准中,微表处用推荐级配范围如表 4-7 所示。其中,II 型级配适用于防水密封、填充表面空隙和承受磨耗,III 型级配具有更大粒径的集料,适用于增强抗滑性能和改善路面磨损,并且可用于车辙填充。

ISSA 推荐级配范围　　　　　　　　　　　　　　　　　　　　　　　　表 4-7

筛孔 (mm)	通过不同筛孔的通过率(%)		
	II 型	III 型	容许误差
9.5	100	100	
4.75	90~100	70~90	±5%
2.36	65~90	45~70	±5%
1.18	45~70	28~50	±5%
0.6	30~50	19~34	±5%
0.3	18~30	12~25	±4%
0.15	10~21	7~18	±3%
0.075	5~15	5~15	±2%

西班牙推荐微表处级配范围如表 4-8 所示。

西班牙推荐微表处级配范围　　　　　表4-8

筛孔尺寸 (mm)	通过不同筛孔的通过率(%)		
	Ⅰ	Ⅱ	Ⅲ
12.5	100	100	100
10	100	100	80~100
6.3	100	80~100	70~90
5	85~100	70~90	69~85
2.5	65~90	45~70	40~60
1.25	45~70	28~50	28~45
0.63	30~50	18~33	18~33
0.32	18~35	12~25	11~25
0.16	10~25	7~17	6~15
0.08	7~15	5~10	4~8

西班牙的微表处级配共有3种,分别对应不同的公称最大粒径。其中,西班牙的Ⅰ型级配与ISSA的Ⅱ型级配类似,西班牙的Ⅱ型级配与ISSA的Ⅲ型级配类似。西班牙的Ⅲ型级配较粗,该级配适合于路面车辙填充,厚度可达8~15mm。

典型微表处级配曲线如图4-1所示。德国的微表处级配共有4种,筛孔要求及适用条件如表4-9所示。

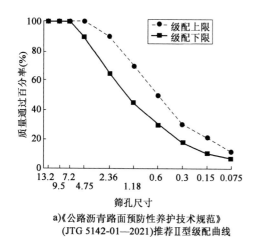

a)《公路沥青路面预防性养护技术规范》
(JTG 5142-01—2021)推荐Ⅱ型级配曲线

b)《公路沥青路面预防性养护技术规范》
(JTG 5142-01—2021)推荐Ⅲ型级配曲线

图 4-1

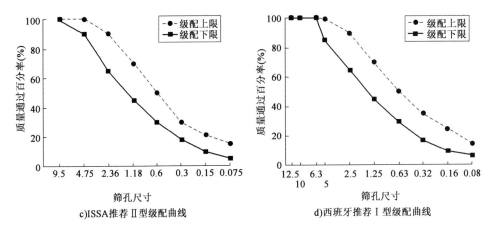

图 4-1 典型微表处级配曲线

德国微表处推荐级配及适用条件　　表 4-9

筛孔(mm)	通过不同筛孔的通过率(%)			
	0/11	0/8	0/5	0/3
<0.09	6~12	6~12	6~14	6~16
>2	45~75	45~65	40~65	20~50
>5	—	≥15	≤10	≤10
>8	≥15	≤10	—	—
>11	≤10	—	—	—
适用条件	高速(≥60km/h)时的面层保护和提高抗滑阻力;填补车辙			低速(<60km/h)时面层保护和提高抗滑阻力

（2）超薄磨耗层

参考辽宁省地方标准《超薄磨耗层设计与施工技术规范》(DB21/T 1995—2020)，辽宁省超薄磨耗层混合料矿料级配范围如表 4-10 所示。

超薄磨耗层混合料矿料级配范围　　表 4-10

通过下列筛孔(mm)质量百分比(%)											
13.2	11.4	9.5	8.0	5.6	4.75	2.36	1.18	0.6	0.3	0.15	0.075
100	90~100	85~95	70~85	35~50	26~36	22~32	15~25	10~20	7~15	5~11	4~7

美国 NovaChip 超薄磨耗层的混合料级配范围如表 4-11 所示。

美国 NovaChip 超薄磨耗层的混合料级配范围　　　　　表 4-11

筛孔 (mm)	通过不同筛孔的通过率(%)		
	A 型	B 型	C 型
19①	100	100	100
12.5	100	100	85~100
9.5	100	85~100	60~80
4.75	40~55	28~38	28~38
2.36	22~32	25~32	25~32
1.18	15~25	15~23	15~23
0.6	10~18	10~18	10~18
0.3	8~13	8~13	8~13
0.15	6~10	6~10	6~10
0.075	4~7	4~7	4~7
混合料沥青含量(%)	5.0~5.8	4.8~5.6	4.6~5.6
典型厚度(mm)	15	18	20

注:①推荐使用16mm方孔筛通过率为100%的集料。含有16mm以上集料的沥青混合料施工要求提高摊铺厚度。

典型超薄磨耗层级配曲线如图 4-2 所示。

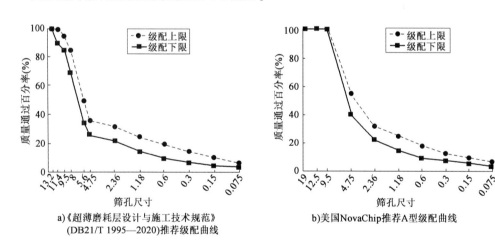

a)《超薄磨耗层设计与施工技术规范》
(DB21/T 1995—2020)推荐级配曲线

b)美国NovaChip推荐A型级配曲线

图 4-2　典型超薄磨耗层级配曲线

综上可知:微表处技术在欧美等发达国家应用较为成熟,国际稀浆封层协会根据不同的施工要求推荐了2种不同的级配。其中,Ⅲ型级配相对较粗,适合修补车辙和增强抗滑性能。西班牙推荐的3种微表处级配,公称粒径均有所不同,分别为6.3mm、10mm及12.5mm。相对较粗的级配适合修补车辙或用于双层摊铺中的下层。相比之下,德国的微表处级配范围较为宽泛。总的控制筛孔较少,仅有 5 档;级配类型共有 4 种,其中 2 种级配的控制筛孔仅有 4 档,另外 2 种级配的控制筛孔有 3 档;部分控制筛孔的通过率仅规定上限或下限。

我国的超薄磨耗层是由美国 NovaChip 技术引进而来。与微表处不同,该技术采用热拌热铺工艺。美国 NovaChip 技术的矿料级配共有 3 种,分别对应公称最大粒径为 9.5mm、12.5mm 及 19mm。磨耗厚度明显较微表处厚,通常为 15~20mm。辽宁省结合当地的情况,提出了超薄磨耗层的级配范围,在美国 NovaChip 磨耗层 B 型级配的基础上增加了几个控制筛孔。

其余如同步碎石封层、开普封层等路面预防性养护技术,对混合料级配无具体特殊的要求,无可比性,在此不一一列举。

4.2.2 同步纤维磨耗层级配推荐

与微表处类似,同步纤维磨耗层技术也是一种冷拌冷铺的路面预防性养护技术。同时,同步纤维磨耗层在稀浆混合料中掺入了纤维,增强了混合料的整体性与黏附性。参考我国同类预养技术使用经验,在确定同步纤维磨耗层时重点基于以下考虑:

(1)同步纤维磨耗层级配宜粗不宜细。《公路沥青路面预防性养护技术规范》(JTG 5142-01—2021)微表处用推荐级配范围中,MS-2、MS-3 的矿料级配范围在现行《公路沥青路面养护技术规范》(JTG 5142)基础上增加 7.2mm 通过率的要求,并规定条件不具备时可不对 7.2mm 筛孔通过率进行控制;提出了更粗的 MS-4 型级配范围,多用于车辙填充。过细的级配无法满足磨耗层抗重载、抗滑、抗磨耗的要求。同步纤维磨耗层着眼于对旧路面表面性能的改善及提升,少量纤维的加入会增加矿料比表面积的需求,但级配相对粗细的调整不会对纤维掺入有过大影响。因此,从提升混合料耐久性的角度,建议磨耗层级配以粗型为主。

(2)谨慎使用间断级配。间断级配存在施工和易性的问题,因为磨耗层施工中,矿料装在微表处摊铺机上的一个料斗中现拌现铺,间断级配或不光滑的级配曲线将加重矿料在运输、装载过程中出现粗料与细料相分离的现象,影响摊铺的均匀性。此外,类似技术的经验表明,级配中 4.75~9.5mm 部分的颗粒粒径偏大,在该粒径范围内靠近 9.5mm 的颗粒居多,则形成了实际意义上的断级配,这种级配往往会造成表观不均匀、大料容易飞散等问题。因此,综合粗型级配的考虑,建议磨耗层 4.75mm 筛孔的通过率在 80%~90% 之间。

(3)矿料中的超粒径颗粒对磨耗层的表观效果有很大影响。磨耗层处的单层摊铺厚度一般不超过 10mm,因此摊铺槽与路面的间隙一般较小,超粒径的石料容易卡在摊铺槽后沿,并在摊铺槽的拖动下在微表处表面形成划痕,严重影响微表处的美观。因此,矿料中的超粒径颗粒必须在施工前予以清除。

(4)由于纤维的加入会影响原有级配的流动性,为保证纤维混合料具有较好的可拌和性能,笔者在推荐的 MS-3 型级配的基础上适当地增加了 4.75mm 和 2.36mm 两档料的通过率。

综上,调整后的同步纤维磨耗层的矿料级配应符合表 4-12 的要求。

同步纤维磨耗层用矿料级配技术要求　　　　表 4-12

混合料	通过下列筛孔(mm)的质量百分率(%)							
	9.5	4.75	2.36	1.18	0.6	0.3	0.15	0.075
同步纤维磨耗层	100	80~90	50~70	28~50	19~34	12~25	7~18	5~15

注:填料计入矿料级配。

4.3　混合料设计

同步纤维磨耗层是由多种材料组成的一种复合材料,用于沥青路面预防性养护时,其性能受到交通荷载、气候环境等诸多因素的影响。为了使得同步纤维磨耗层的组成设计满足各项路用性能的需要,不仅要考虑单项材料品质,而且需结合工程所在地的气候条件以及使用条件,进行针对性设计,也就是说同步纤维磨耗层的组成设计是一项系统工程。

普遍意义上的系统方法论一般由辨识环境、确定目标、价值度量、系统分析、研发解决方案以及最终决策等逻辑程序构成。结合同步纤维磨耗层设计的要求及特点,提出的基于系统论的组成设计具体步骤如下:

(1)辨识工作环境

辨识同步纤维磨耗层工作的交通环境、自然环境,包括轴载状况、旧路破损状况、环境温度及湿度,以此判断同步纤维磨耗层的适应性。

(2)确定路用性能控制指标

根据预养护沥青路面的交通等级,分析封层受力状况及工作环境对同步纤维磨耗层路用性能的要求,确定其组成设计的目标,即不同使用条件下的黏结性能、抗渗性、抗裂性能、抗滑性能的设计控制指标。

(3)各单项材料选择及配伍性优化

根据工作环境对同步纤维磨耗层路用性能指标的控制要求,合理选择各单项材料,并进行相应的配伍性研究,设计出路用性能优异的配合比方案。

(4)试验验证与设计优化

按照沥青路面预防性养护的特点及要求,设计可充分模拟实际工作环境条件的黏结性能、抗渗和抗滑性能试验方案,验证初步选定的配合比,确保各项路用性能指标满足相应的控制要求。

基于系统论方法的同步纤维磨耗层设计需要研究的内容,本节将按照同步纤维磨耗层的组成结构与层次,深入研究每个层次设计的具体内容以及控制指标,最终形成同步纤维磨耗层的设计方法。以下将具体介绍同步纤维磨耗层各个部分的设计。

4.3.1 纤维添加方式的确定

(1)纤维分散机理

①在乳液中纤维的分散性。

玻璃纤维分散在沥青中,其巨大的表面积成为浸润界面。在界面中,玻璃纤维属于增强类纤维,与乳化沥青的结合为表面黏附,没有化学吸附性,也就是说,玻璃纤维与乳化沥青混合料的混合完全为物理混合。两者完全以独立物质形态存在,复合材料可以把两者各自的优点叠加起来。需要指出的是,封层所用拌和型乳化沥青为 CSS 乳化沥青,其破乳机理主要是杂凝聚。因此,玻璃纤维的添加将对乳化沥青破坏原有的乳液稳定体系,加速破乳。同时,由于纤维的加入,使乳化沥青黏度增加,增大了拌和难度,使拌和及裹附均匀性受到较大影响。

②水分蒸发后纤维与沥青的黏附性。

水分蒸发强迫颗粒与颗粒之间靠拢,包含有矿物颗粒的体系在水分蒸发过程中,沥青颗粒也会与矿物颗粒靠拢。水分蒸发使连续相被浓缩,乳液中原有的离子(以及拌和过程中从矿物、水泥中析出的离子)最终在过高的离子浓度下造成离子凝结。纤维和乳化沥青形成的交错网状结构,压实成型后集料被结合料网状结构紧紧黏结、缠绕,形成了一个复合的力学嵌锁体系,有效地限制了集料的滑移和脱落。

(2)纤维添加对比试验

为了验证纤维的最佳添加方式,本书采用以下 3 种方式添加纤维,并进行混合料的拌和试验:①将纤维直接加入集料;②将纤维加入乳液中;③沥青与矿料拌好后,再将纤维添加其中。

通过试验发现,采用方式①拌和时,纤维可以分散在集料中,但在混合料拌和时,纤维出现成团结束的现象;采用方式②拌和时,纤维可以较好地分散在乳液中,但在加入混合料后纤维出现结团的现象;采用方式③进行混合料拌和,纤维能较均匀地分布,分散效果较好,如图4-3所示。

（3）纤维添加方式及步骤

最终确定玻璃纤维在乳化沥青混合料中的添加步骤为：

①改性乳化沥青与矿料拌和10s；

②将纤维直接投入拌缸,拌和30s。

拌和时间与其余磨耗层混合料的拌和时间相同,一般情况下不需额外增加拌和时间。

图4-3 纤维在混合料中分散情况

4.3.2 室内纤维磨耗层混合料设计步骤

室内同步纤维磨耗层混合料配合比设计步骤如图4-4所示。

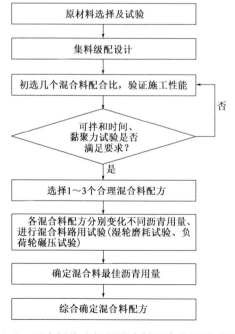

图4-4 同步纤维磨耗层混合料配合比设计步骤图

具体步骤如下：

(1) 原材料选择

根据工程的气候环境及交通量特点，选择合适的原材料（改性乳化沥青、矿料、填料、纤维、添加剂、水等）并进行原材料性能指标检验，确定同步纤维磨耗层混合料用的原材料均符合要求。

(2) 集料级配设计

按矿料的级配范围，对各档集料分别取样进行筛分试验，再根据试凑法计算各档集料的配合比例，使合成级配在要求的级配范围。对合成矿料仍应按要求取样进行筛分试验，并验证其级配曲线是否符合规定的级配要求。

(3) 施工性能验证

根据工程经验，初步选择改性乳化沥青、填料、水和添加剂的用量，进行拌和试验及黏聚力试验。可拌和时间的试验温度应考虑最高施工温度，黏聚力试验的温度应考虑施工中可能遇到的最低温度。

(4) 混合料配方选择

根据试验结果和稀浆混合料的外观状态，选择1~3个认为合理的混合料配方，对照混合料技术要求。若不符合要求，适当调整各种材料的配合比例再进行施工性能试验，直至符合要求为止。

(5) 沥青用量范围确定

将初选的1~3个混合料配方分别变化不同的沥青用量，按混合料技术要求重复试验，先进行湿轮磨耗试验，根据1h湿轮磨耗值试验结果绘出沥青用量与磨耗量关系曲线，确定沥青用量最小值P_{min}；再进行负荷轮碾压试验，根据试验结果绘出沥青用量与黏附砂量关系曲线，确定沥青用量最大值P_{max}，得出沥青用量范围$P_{min} \sim P_{max}$。

(6) 最佳沥青用量确定

根据经验在沥青用量范围内选择适宜的沥青用量，以选择的沥青用量检验混合料的浸水6d湿轮磨耗，用于车辙填充时须增加检验负荷轮碾压试验的宽度变化率指标，不符合要求时调整沥青用量重新试验，直至符合要求为止。

(7) 混合料配方确定

根据以往经验及配合比设计结果，在充分考虑原路面状况、施工现场气候及交通状况等因素基础上，综合确定混合料配方。

考虑到同步纤维磨耗层的技术定位与微表处技术较为接近，均为实现快速开放交通的薄层稀浆类混合料。交通部（现为交通运输部）2006年发布的《微表处和稀浆封层技术指南》经多年应用,技术指标相对成熟,值得借鉴。由于同步纤维磨耗层较微表处之外,另外掺加了少量的玻璃纤维,因此同步纤维磨耗层混合料的技术标准在微表处指标的基础上,考虑纤维的作用进行适当调整,将可拌和时间由120s延长至130s。

4.4 混合料性能技术要求及评价方法

同步纤维磨耗层混合料技术标准如表4-13所示。

同步纤维磨耗层混合料技术标准　　　　表4-13

试验指标		技术要求	试验方法
可拌和时间(25℃)(s)		≥130	T 0757
黏聚力 (N·m)	30min(初凝时间)	≥1.3	T 0754
	60min(开放交通时间)	≥2.2	
负荷车轮黏附砂量(g/m^2)		≤450	T 0755
湿轮磨耗损失 (g/m^2)	浸水 1h	≤540	T 0752
	浸水 6d	≤800	
轮辙变形试验的宽度变化率(%)		≤5	T 0756
配伍性等级值		≥11	T 0758

注:1. 不用于车辙填充的混合料,不做轮辙变形试验的要求。
　 2. 配伍性等级指标作为参考指标使用。

(1)可拌和时间

微表处在施工过程中,从拌和到摊铺一般需要30~50s,因此混合料需要有足够的可拌和时间。

(2)黏聚力

黏聚力试验用于确定混合料的开放交通时间。混合料的黏聚力随着时间延长呈现增大的趋势。混合料体系不同,所呈现的增长规律也不同。有的呈直线上升趋势,有的成型速度相对较慢,也有的初期增长但后来又呈下降趋势。实际施工过程中期望混合料属于快凝-快开放交通型。

黏聚力指标反映了混合料的固化成型速度和开放交通时间。在相同时间内,混合料的黏结力数值越大,说明成型速度越快,早期强度越高。同步纤维磨耗层混合料要求30min 和60min 的黏结力分别不小于1.3N·m 和2.2N·m。

(3) 湿轮磨耗试验（WTAT）

湿轮磨耗试验用以检验微表处混合料成型后的耐磨耗性能，也可用以确定最小沥青用量。6d 的湿轮磨耗值还可以评价混合料的水稳定性。此外，还可以评价混合料各个组分的配伍性。若配伍性不好，即使各个组分材料质量优良也无法得到高性能的混合料，此时混合料的湿轮磨耗值往往无法满足要求，同步纤维磨耗层混合料要求浸水 6d 的湿轮磨耗损失不大于 $800g/m^2$。

(4) 负荷轮碾压试验（LWT）

该试验用于检测微表处混合料中是否有过量沥青，控制沥青用量的上限。一般，沥青用量越大，试样黏附的砂量也就越大，当黏附的砂量达到要求的最大值时的沥青用量就是最大沥青用量。

对于用于修复车辙的微表处混合料，要求碾压后的横向变形率不超过5%，称为轮辙变形试验。而对于厚度小于 10mm 的微表处，它是一种薄层结构，本身并不产生车辙。若微表处养护路面后，路面出现车辙，则是原有路面引起的。因此，这种微表处不需进行轮辙变形试验。

4.5 混合料设计示例

原材料选用盘锦90号基质沥青，乳化剂，SBS改性剂制备的改性乳化沥青，STS聚丙烯腈纤维，集料为黑龙江的石灰岩，采用表4-11级配中值。

(1) 确定合理配方

采用 7.5% 的油石比，改变纤维的不同添加量进行混合料拌和试验及黏聚力试验。试验结果如表4-14、表4-15 所示。

不同纤维添加量下的拌和时间　　　　　　表4-14

纤维用量(%)	石料(g)	外加水量(g)	可拌和时间(g)	要求值(g)
0	100	8	235	
0.05	100	8	224	
0.1	100	8	178	
0.15	100	8	152	≥130
0.2	100	8	133	
0.25	100	8	103	
0.3	100	8	92	

由上可知,随着纤维用量的增加,混合料的可拌和时间逐渐减小,黏聚力逐渐增大。当纤维用量在 0.1% ~ 0.2% 之间时,两个指标均满足技术要求。推荐纤维用量为 0.2%,外加水量为 8%。

不同纤维添加量下的黏聚力 表 4-15

黏聚力 (N·m)	指标要求	纤维用量(%)					
		0	0.1	0.15	0.2	0.25	0.3
30min	≥1.3	1.16	1.3	1.62	1.83	1.89	1.93
60min	≥2.2	2.31	2.43	2.61	2.79	2.87	3.03

(2)确定最佳油石比

在上述配方下变化不同的油石比,进行 1h 湿轮磨耗试验和黏附砂试验,试验结果如表 4-16 所示。

不同油石比下的混合料性能 表 4-16

指标	油石比(%)				要求值 (g/m²)
	6.5	7	7.5	8	
1h 磨耗值 (g/m²)	769.3	568.3	234.5	143.6	≤540
黏附砂量 (g/m²)	192.3	226.4	268.9	281.4	≤450

由图 4-5 可以得出,由湿轮磨耗值可得出最小油石比 6.93%,由黏附砂量可得出最大油石比 8.33%,即得出油石比的可选择范围为 6.93% ~ 8.33%。根据经验,在油石比的可选范围内选择 7.5% 为最佳油石比。

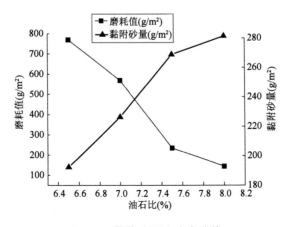

图 4-5　最佳油石比确定曲线

4.6 纤维磨耗层混合料性能

纤维磨耗层仅仅有良好的施工性能是不够的，还应具有优良的路用性能。本节通过试验案例详细介绍各种因素对拌和时间、黏聚力、湿轮磨耗值、黏附砂量及轮迹变化率等关键性能指标的影响，并与普通的微表处做对比分析。

4.6.1 试验基础

本试验使用的原材料如表 4-17 所示，同步纤维磨耗层级配范围和室内试验采用的级配如表 4-18 所示。

试验用原材料说明　　　　　　　　　　　　　　　表 4-17

原材料	料源	材料说明
矿料、矿粉	碾子山海通石场	4.75~9.5mm、2.36~4.75mm 及 0~2.36mm，矿粉
改性乳化沥青	辽宁盘锦	SBS 改性乳化沥青
玻璃纤维	山东泰山玻璃纤维厂	纤维单丝直径 13μm

纤维磨耗层混合料级配　　　　　　　　　　　　　表 4-18

混合料	通过下列筛孔(mm)的质量百分率(%)							
	9.5	4.75	2.36	1.18	0.6	0.3	0.15	0.075
试验级配	100	83.4	58.2	37.6	22.0	14.3	7.9	5.8
推荐级配范围	100	80~90	50~70	28~50	19~34	12~25	7~18	5~15

经过检测，试验用的原材料均满足 4.1 节技术指标的要求。

4.6.2 拌和时间影响因素

纤维磨耗层仅仅有良好的施工性能是不够的，还应具有优良的路用性能。本章基于同步纤维磨耗层各材料组分的关系、施工特点及应用环境，借鉴微表处级配的设计方法，通过可拌和时间、黏聚力、湿轮磨耗值、黏附砂量及轮迹变形等试验，分析确定纤维和乳化沥青的最佳用量,验证同步纤维磨耗层的路用性能,并与普通的微表处作对比分析。

纤维、水、水泥、沥青的用量均会对稀浆混合料的可拌和时间产生较大的影响。前文曾经提到,水、水泥、沥青的添加量分别为8%、2%和7.5%时,混合料的路用性能较好,并且远远满足规范要求的可拌和时间。

(1)纤维添加量对混合料可拌和时间的影响。

混合料可拌和时间指混合料稀浆变稠,乳化沥青开始破乳时间。前文在乳化沥青破乳机理中提到,乳化沥青中的水在浸润集料表面时,乳化沥青体系失去平衡,带动乳化剂与沥青微珠向集料表面,促使乳化沥青破乳。纤维的加入增大了集料的吸水能力,加速了水分迁移与沥青微珠黏附的过程,因此对乳化沥青破乳时间产生较大影响,从而影响混合料可拌和时间。可拌和时间按照《微表处和稀浆封层技术指南》附录A1的方法进行确定。

为确定纤维对混合料可拌和时间的影响,固定水、水泥、沥青的用量,选择6个水平的纤维添加量(0.05%、0.1%、0.15%、0.2%、0.25%、0.3%)进行拌和试验,具体试验结果如图4-6所示。

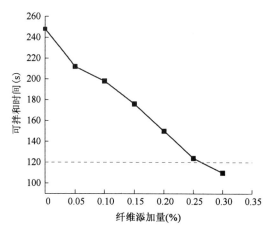

图4-6 纤维添加量与可拌和时间的关系

从图4-6可以看出,在水、水泥和沥青固定的情况下,纤维磨耗层混合料的可拌和时间随着纤维添加量的增加而下降,呈现明显的线性关系。可拌和时间决定了纤维磨耗层混合料是否能顺利摊铺,本书推荐的纤维磨耗层混合料的可拌和时间不能小于120s,根据试验测试结果可知,纤维的添加量不能超过0.25%。

(2)外加水量对混合料拌和时间的影响。

根据乳化沥青破乳机理可知,一定的外掺水能减少集料对乳化沥青内水的吸收,因此,外加水量对乳化沥青的破乳速度产生影响。根据拌和时间确定的纤维用量,固定纤维用量为0.2%,选择6个掺水量(5%、6%、7%、8%、9%、10%)进行拌和试验,具体试验结果如图4-7所示。

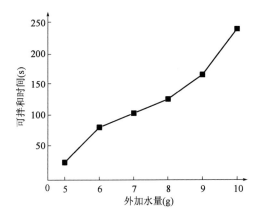

图4-7 外加水量对可拌和时间的影响关系图

由图4-7可知,随着外加水量的增加,混合料的可拌和时间成先慢后快的增长趋势。也就是说,当外加水量达7g以上,即产水量达到7%以上时拌和时间随外加水量的增加幅度明显增加。

4.6.3 黏聚力试验研究

(1)纤维添加量对混合料黏聚力的影响。

在设定的试验条件下,固定7.5%油石比,选择6个纤维添加量(0%、0.10%、0.15%、0.20%、0.25%、0.30%)设计混合料,并对6组纤维添加量的混合料进行黏聚力试验,结果如表4-19与图4-8所示。

不同纤维添加量对混合料黏聚力的影响   表4-19

纤维添加量(%)	30min 黏聚力(N·m)	60min 黏聚力(N·m)
0	1.22	2.21
0.1	1.24	2.26
0.15	1.35	2.37
0.2	1.52	2.56
0.25	1.61	2.62
0.3	1.71	2.67
指标要求	≥1.3	≥2.2

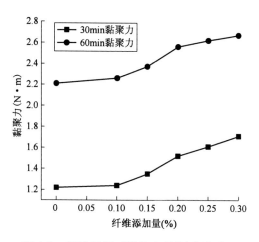

图 4-8　纤维用量对黏聚力的影响关系图

由以上数据及图表分析可知：

①由表 4-20 可知，当油石比 7.5% 时，混合料的 60min 黏聚力基本满足要求，仅当纤维用量较少（小于 0.15%）时，30min 黏聚力不满足要求。

②相同油石比下，混合料黏聚力随纤维添加量的增加而增大。纤维添加量在 0.15% 以下时，混合料的黏聚力随纤维添加量变化不明显，纤维添加量在 0.15%~0.25% 之间，混合料的黏聚力随纤维添加量增加比较明显，当纤维添加量继续增大时，黏聚力增长趋势又趋于平缓。

③从保证混合料黏聚力的角度，建议纤维用量不宜小于 0.15%。

(2)油石比对混合料黏聚力的影响。

设定的试验条件下，固定 0.2% 纤维添加量，选择 4 个油石比(6.5%、7.0%、7.5%、8.0%)设计混合料，并对 4 组油石比的混合料进行黏聚力试验，结果如表 4-20 与图 4-9 所示。

不同油石比对混合料黏聚力的影响　　表 4-20

油石比(%)	30min 黏聚力(N·m)	60min 黏聚力(N·m)
6.5	1.22	2.27
7	1.52	2.56
7.5	1.82	2.76
8	2.05	2.93
技术指标	≥1.3	≥2.2

①在同一纤维用量下，随着油石比的增加，混合料黏聚力逐渐增强。从图 4-9 可以看出，黏聚力与油石比基本呈直线增长变化趋势。

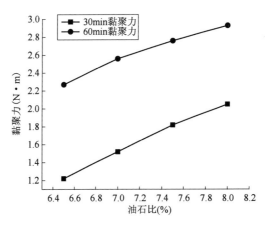

图 4-9 油石比对黏聚力的影响关系图

②在 0.2%纤维用量、7.5%的油石比下,混合料黏聚力基本均满足技术要求。可见,适宜的沥青加之少量纤维对改善混合料黏聚力效果显著。

4.6.4 湿轮磨耗试验研究

(1)纤维用量对混合料湿轮磨耗的影响。

在设定的试验条件下,固定 7.5% 油石比,选择 6 个纤维添加量(0%、0.10%、0.15%、0.20%、0.25%、0.30%)设计混合料,并对 6 组纤维掺量的混合料进行湿轮磨耗试验,结果如表 4-21 与图 4-10 所示。

不同纤维添加量对混合料湿轮磨耗的影响   表 4-21

纤维添加量(%)	1h 湿轮磨耗值(g/m^2)	6d 湿轮磨耗值(g/m^2)
0	393.2	653.2
0.10	366.6	624.3
0.15	323.4	583.1
0.20	284.9	532.7
0.25	236.1	483.6
0.30	198.3	449.3

①在 7.5%的油石比下,混合料的 1h 湿轮磨耗值及 6d 湿轮磨耗值均随纤维用量增大而逐渐减小。这主要是混合料中的沥青含量有限,纤维具有极强的吸附作用,当纤维掺量逐渐增多时,大部分沥青被纤维所吸附,混合料黏结力增大,磨耗量相对减小。

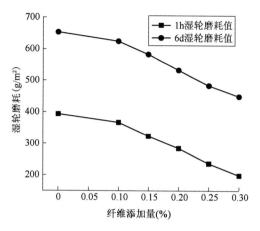

图 4-10　纤维用量与湿轮磨耗试验结果的关系

②当纤维用量增大到 0.1% 时，混合料磨耗值的下降较为平缓；当纤维用量大于 0.15% 时，磨耗值基本呈直线快速下降趋势。

(2) 油石比对混合料湿轮磨耗的影响。

在设定的试验条件下，固定 0.2% 纤维添加量，选择 4 个油石比（6.5%、7.0%、7.5%、8.0%）设计混合料，并对 4 组油石比的混合料进行湿轮磨耗试验，结果如表 4-22 与图 4-11 所示。

不同油石比的混合料湿轮磨耗试验结果　　　　表 4-22

油石比(%)	1h 湿轮磨耗值(g/m^2)	6d 湿轮磨耗值(g/m^2)
6.5	543.6	812.6
7.0	413.7	621.3
7.5	284.9	534.6
8.0	168.2	471.4

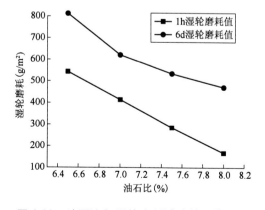

图 4-11　油石比与湿轮磨耗试验结果的关系

①纤维用量固定时,混合料磨耗值随油石比增大而逐渐减小。这主要是由于湿轮磨耗试验时所用的集料为 4.75mm 以下的矿料,其他部分矿料对试验结果并无影响。随着油石比增大,在一定的纤维掺量下,被纤维吸附的沥青是有限的,混合料总体分布较为均匀,因此抵抗磨耗的性能越好。

②从变化幅度来看,1h 湿轮磨耗值随油石比增大基本呈直线减小趋势,6d 湿轮磨耗值则随油石比增大而减小的幅度则是先快后慢。当油石比大于 7% 时,6d 湿轮磨耗值的衰减趋于平缓。

4.6.5　负荷轮黏附砂试验

(1)纤维用量对混合料黏附砂量的影响。

在设定的试验条件下,固定 7.5% 油石比,选择 6 个水平纤维添加量(0%、0.10%、0.15%、0.2%、0.25%、0.3%)设计混合料,并对 6 组纤维添加量的混合料进行负荷轮黏附砂试验,结果如表 4-23 与图 4-12 所示。

不同纤维添加量下混合料黏附砂量的试验结果　　表 4-23

纤维添加量(%)	黏附砂量(g/m²)	纤维添加量(%)	黏附砂量(g/m²)
0	410.3	0.20	301.4
0.10	354.6	0.25	275.6
0.15	316.8	0.30	251.8

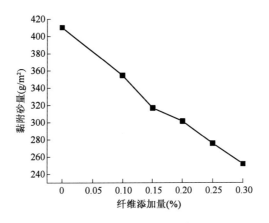

图 4-12　纤维添加量与黏附砂量试验结果的关系

黏附砂量用来控制沥青用量的最大值。由试验可知,当沥青用量一定时,黏附砂量随着纤维用量增大而减小,这是由于纤维对沥青具有吸附作用。

(2)油石比对混合料黏附砂量的影响。

在设定的试验条件下,固定0.2%纤维掺量,选择4个油石比(6.5%、7.0%、7.5%、8.0%)设计混合料,并对4组油石比的混合料进行负荷轮黏附砂试验,结果如表4-24与图4-13所示。

不同油石比下混合料的黏附砂量试验结果　　　　　　　　　　表4-24

油石比(%)	黏附砂量(g/m²)	油石比(%)	黏附砂量(g/m²)
6.5	183.4	7.5	301.4
7.0	264.7	8.0	382.6

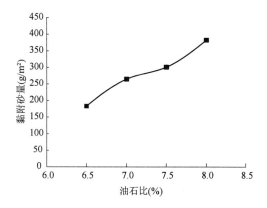

图4-13　油石比与黏附砂量试验结果的影响

纤维用量一定时,随着油石比的增大,同步纤维磨耗层混合料的黏附砂量逐渐增大。

4.6.6　轮迹变形试验

(1)纤维用量对混合料轮迹变化率的影响。

在设定的试验条件下,固定7.5%油石比,选择6个纤维添加量(0%、0.10%、0.15%、0.20%、0.25%、0.30%)设计混合料,并对6组纤维添加量的混合料进行轮迹变形试验,结果如表4-25与图4-14所示。

不同纤维添加量下混合料的轮迹宽度变化率的试验结果(%)　　　表4-25

纤维添加量	轮迹宽度变化率	纤维添加量	轮迹宽度变化率
0	3.1	0.20	1.5
0.10	2.3	0.25	1.2
0.15	1.9	0.30	1.9

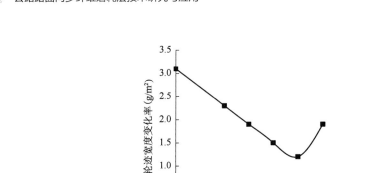

图 4-14 纤维添加量与轮迹宽度变形率试验结果的关系

轮迹宽度变形率反映了混合料的抗车辙能力。由试验可知,在油石比一定时,随着纤维添加量的增加,轮迹宽度变化率先逐渐减小;当纤维添加量大于 0.25% 时,轮迹宽度变形率反而增大。这表明,纤维添加量并非越多越好,这主要是由于纤维添加量较低时,纤维可较均匀地分散,对混合料起到稳定与加筋的作用。当纤维添加量超过一定量时,由于沥青有限,较多的纤维将有限的沥青吸附后反而出现结团、不易拌和的现象,影响集料的黏结及混合料的整体强度,故同步纤维混合料抗车辙能力随之降低。

(2)油石比对混合料轮迹变化率的影响。

在设定的试验条件下,固定 0.2% 纤维添加量,选择 4 个油石比(6.5%、7.0%、7.5%、8.0%)设计混合料,并对 4 组油石比的混合料进行轮迹变形试验,结果如表 4-26 与图 4-15 所示。

不同油石比下混合料的轮迹宽度变化率试验结果(%)   表 4-26

油石比	轮迹宽度变化率	油石比	轮迹宽度变化率
6.5	3.2	7.5	1.1
7.0	2.4	8.0	2.3

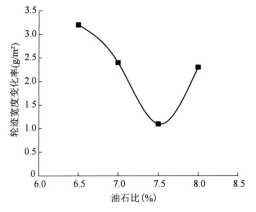

图 4-15 油石比对轮迹宽度变形率的影响关系图

当纤维添加量一定时,随着油石比从6.5%增大到7.5%,混合料的轮迹宽度变化率逐渐减小、抗车辙能力逐渐增强;当油石比继续增大,混合料抗车辙能力有所减小。可见,同步纤维磨耗层混合料存在最佳油石比,沥青与纤维之间存在用量平衡,过大的油石比对混合料的抗车辙能力不利。

4.7 纤维磨耗层与普通微表处的性能对比

经过前期的配合比设计,纤维磨耗层与普通微表处两种混合料的合理配方如表4-27所示。

纤维磨耗层与普通微表处混合料的配方　　　　表4-27

混合料类型	合理配方			
	油石比(%)	外加水量(%)	水泥添加量(%)	纤维用量(%)
微表处	7	6.5	2	—
纤维磨耗层	7.5	8	2	0.2

综合以上试验,添加纤维前后混合料性能指标如表4-28所示。

添加纤维前后混合料性能指标　　　　表4-28

指标		微表处	纤维磨耗层
可拌和时间(s)		148	153
黏聚力(N·m)	30min	1.03	1.52
	60min	1.94	2.56
湿轮磨耗(g/m²)	1h	481.7	284.9
	6d	764.8	532.9
负荷轮试验	黏附砂量(g/m²)	430.5	301.4
	轮迹宽度变化率(%)	3.3	1.5

通过图4-16对比可以看出,添加0.2%的纤维后,浸水1h湿轮磨耗值及6d湿轮磨耗值均显著降低,说明添加纤维对微表处抗磨耗性能提高明显;此外,混合料30min和60min黏聚力均得到了较大提高,轮迹变化率降低明显,说明同步纤维磨耗层混合料在抗车辙能力方面的效果很显著。

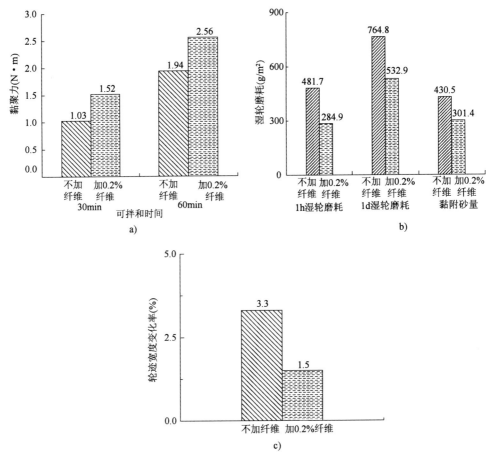

图 4-16 添加纤维对混合料性能指标的影响

第 5 章
CHAPTER 5

SBS改性乳化沥青层间黏结性能

基于经济性和实用性的角度考虑,微表处和罩面类结构设计厚度较薄,主要依靠层间黏结抵御车辆制动的水平剪切力。因此,对于同步纤维磨耗层来说,提升层间剪切强度是提升养护效果的重要手段。本章将从层间抗剪、最佳黏层油用量确定等方面研究黏层的抗剪性能,充分保证原有路面与同步纤维磨耗层之间的高黏结性与整体性。

5.1 层间黏结强度的影响因素

沥青路面结构层间剪切强度由黏层材料本身的性质以及上下面层沥青混合料的结构性质构成,并受外界环境和施工质量等因素影响。黏层材料本身的性质主要取决于材料本身的黏度、用量以及黏层材料对上下沥青面层的黏结作用。沥青混合料的结构主要取决于矿物骨架结构、沥青胶结料种类与数量、矿料与沥青相互作用的特点以及沥青混合料的密实度及其毛细孔隙结构的特点等。

沥青路面的层间剪切强度与黏层材料本身的黏度有密切关系。自下而上分层铺筑的沥青面层,由于振实碾压使结构层的表面达到了一个相对密实平整的状态,正是依靠黏层材料的黏结作用把上下两个面层黏结在一起形成整体结构强度。黏层材料的黏度越大,层与层之间的黏结力就越大,抵抗剪切变形的能力也就越大。如果黏层材料的黏度比较小,结构层之间就不能建立一个大于层间所承受剪力的界面,层间结合面就会成为一个薄弱环节,不能够承受水平方向剪切力的破坏作用,从而使路面面层在结合面上发生位移,严重时形成推挤、拥包和层间脱离等病害。

黏层材料的用量对层间抗剪强度有很大影响。当黏层材料用量较小时,不足以形成一层均匀的薄膜来黏结相邻的两个面层。随着用量的增加,薄膜逐渐形成,黏层材料更为圆满地黏附于上下面层之间,使层间抗剪能力随着黏层材料用量的增大而增大。当黏层材料进一步增加时,则使结构层之间的沥青膜增厚,多余的黏层材料形成了使矿料发生位移的润滑剂,以致在高温时易形成推挤和滑移,出现塑性变形。因此,黏层材料的使用存在最佳用量。

沥青面层的结构性能包括集料岩石的种类、集料性状、沥青混合料的类型、级配类型、空隙率、混合料的沥青含量等。集料岩石的岩性影响与黏层材料的黏附性,一般认为,黏层材料与碱性的石灰岩集料黏附性好,与酸性的花岗岩、石英岩集料黏附性较差。集料颗粒的表面粗糙度和颗粒形状,对抗剪强度也有一定影响。集料表面粗糙,形状接近正方体,具有良好的耐磨耗与磨光性能,经过压实后,颗粒之间能形成良好的咬合嵌挤,使混合料具有较高的内摩阻力,从而有助于提高层间抗剪强度;反之,如集料颗粒表面光滑的,针片状含量较多,则易引起滑移,导致抗剪强度降低。黏层相连接的两个沥青面层,如果都是空隙率较小、较密实的沥青混合料,则层间具有较高的抗剪强度;如果面层采用空隙率较大、骨架空隙结构的排水性沥青路面,则层间必须用高黏度的黏层材料,否则层间的黏结强度和抗剪强度都会较低,在结构层附近容易发生颗粒的脱落。

道路的环境条件也对层间抗剪强度有直接的影响。当温度升高时,黏层材料的黏度降低,流动性增大,从而使层间抗剪强度降低。反之,温度降低,则黏层材料变硬,刚度变大,强度提高。但当温度进一步降低时,黏层材料发脆,强度反而会降低。在高速车辆荷载的高频作用下,黏层材料表现为弹性性质,强度高;在交通堵塞或车列行进缓慢等车辆荷载的低频作用下,黏层材料表现为塑性性质,强度低。

5.2 黏层材料的性能要求

在工程中,经常使用的黏层油材料有:乳化沥青、改性乳化沥青、液体石油沥青,但采用什么类型的乳化沥青,各国做法有所不同,美国各州公路和运输官员协会(AASHTO)及各州的规范都规定用慢裂型乳化沥青作黏层材料,这是因为它们使用的乳化沥青黏度大,残留物浓度高,而法国通常采用快裂型乳化沥青。我国的实践经验证明,慢裂型乳化沥青在洒布后流淌严重,用快裂或中裂的较为适宜。但是,也有些专家认为,沥青面层间,特别是沥青面层与结构物间的黏层用一般的乳化沥青并不合适,这样的黏层起不到黏结的作用,如施工不当甚至会形成富油滑动层,可能会起到反作用。目前,国内有施工单位采用聚合物改性乳化沥青、普通热沥青、聚合物改性沥青作黏结层,比如使用SBR改性乳化沥青、SBS改性沥青,改性后材料的黏结性、抗变形能力和抗剪切能力都得到了一定提高。

笔者自主研发的高性能乳化沥青黏结层具有良好的力学性能、优异的功能性、足够的耐候性及施工便捷等特点。

(1)具有高渗透性,与冷拌冷铺同步快速处置层结合优良

从应用目标来看,PCR乳液着地即破是我们期望的状态,但是由于阻离子乳液破乳

难以达到类似阴离子喷涂速凝的特点,所以考虑提高固含量的同时应该尽量降低乳液黏度,避免给洒布带来麻烦。

本书研发的高性能乳化沥青黏结层为专为防水黏结层,是专为配合冷拌冷铺同步快速处置层使用的材料。因此,要求黏结层不仅与旧路结合良好,而且对冷拌冷铺处置层亦有优良的黏结性,利用高渗透性,能够快速渗透到旧沥青表面,并分别与旧沥青及乳化沥青溶液融合或部分融合,黏结层乳化沥青能渗入路表一定深度,能将旧路与加铺层很好地结合,提高路面结构的整体性。相较渗透时间而言,渗透深度更为重要。

(2)提供足够的抗剪能力

黏层作为沥青层与沥青层之间的联结层,必须能够抵抗车辆荷载产生的剪应力及一定的随从变形能力,使路面保持良好的整体性,这是对黏层材料性能的首要要求。足够的抗剪强度能避免出现面层的推移、拥包、"两层皮"等病害,特别是在车辆经常启动、紧急制动的场所和山区公路的长大纵坡路段,更需要层间具有较大的抗剪能力。

(3)具有良好的黏结能力

处于沥青面层之间的黏层,其作用是把相邻的上下面层牢固地黏结在一起,使其成为一个整体,共同承受车辆荷载的反复作用。所以,路面要保持层间良好的连续状态,黏层材料除了要在水平方向上提供足够的抗剪切能力之外,还要在竖向方向上具有良好的抗拉拔能力,要求黏层材料不仅要本身具备一定的黏性,而且还要与上下相连的沥青面层有很好的黏附性。在荷载反复作用下以及轮胎和路面产生的真空泵吸作用下,才能使路面不发生层间剥离和滑移,在水的浸泡下,依然能把相邻的上下面层牢固地黏结在一起。

(4)具有一定防水能力

水是造成沥青路面损害的主要原因。当车辆在雨天高速行驶时,轮胎与路面之间的水不断地被高速运转的车轮所挤压,产生了动水压力,无孔不入的路表水在强大的动水压力下进入路面,极易造成沥青与集料的剥离,导致混合料的松散和路面结构的破坏。若面层之间的黏层材料没有足够的防水能力,雨水将会进一步下渗到路面深处,进而渗入到基层,使基层材料产生唧浆、软化,导致承载能力降低。因此,黏层材料必须具备一定的防水、防渗能力。

(5)能够具有一定抗疲劳能力

路面在使用过程中,经受车轮荷载的反复作用和环境温度交替变化时所产生的温度应力作用,长期处于应力反复变化的状态,黏层材料内部逐渐损伤,抗剪强度逐渐衰减,当荷载重复作用超过一定次数以后,路面内产生的剪应力就会超过下降后的抗剪强度,出现剪切疲劳破坏,所以,黏层材料必须具备一定的抗疲劳能力。

(6)施工方便,对施工环境适应性强

要求专用黏结材料具有良好的施工和易性,能适应寒区以上各种施工环境条件及天气条件,施工环境的适应性较强。施工不需要特殊的机械,只需采用常规施工方法即可,施工工艺简单方便。

(7)材料性能稳定,便于储存

为了便于现场生产控制,要求材料性能稳定,能在现场储存较长的时间而性质不发生改变,储存稳定性优良。

(8)具有优良性价比,对工程造价影响不大

要求研发的高性能乳化沥青黏结层与其余同类黏结层相比,其单价增幅不大,亦即材料有优良的性价比,由此使工程造价不会有很大的提高,对工程总造价影响不大。

根据国内外研究及相关文献,结合同步纤维磨耗层的施工特点及本身材料组合特性,提出同步纤维磨耗层材料黏层用喷洒改性乳化沥青性能指标要求,具体见表5-1。

黏层用改性乳化沥青性能技术指标　　　　　　　　表5-1

试验项目		技术指标要求	试验方法
破乳速度		快裂或中裂	T 0658
粒子电荷		阳离子(+)	T 0653
1.18mm筛上剩余量(%)		≤0.05	T 0652
黏度	赛波特黏度试验(25℃)(s)	25~100	T 0623
	恩格拉黏度(25℃)(Pa·s)	1~20	T 0623
蒸发残留物性能试验	含量(%)	≥55.0	T 0651
	针入度(100g,25℃,5s)(0.1mm)	40~100	T 0604
	软化点(℃)	≥60	T 0606
	延度(5℃)(cm)	≥20	T 0605
	溶解度(三氯乙烯)(%)	≥97.5	T 0607
	25℃弹性恢复(%)	≥80	T 0662
储存稳定性(%)	1d	≤1	T 0655
	5d	≤5	

注:恩格拉黏度和赛波特黏度指标任选其一检测。

5.3 黏层用改性乳化沥青配方设计

5.3.1 试验设计

影响改性乳化沥青性能的因素有很多:沥青的类型、乳化剂的类用量型及剂量、无机稳定剂和有机稳定剂的复配比例、pH 值、乳化时间和乳化时沥青和皂液的温度等等。为准确考察各工艺条件的影响程度,确定出最佳工艺方案,选出主要影响因素进行正交试验。正交试验设计法是基于数理统计知识,采用最少的试验次数,获得优化方案的一种计算方法。其中,极差和变动平方和是决定各个因素对结果影响程度的关键指标。即极差或变动平方和越大,对结果的影响程度越大;反之,如果极差或变动平方和越小,对结果的影响也就越小。

本案例中,改性剂选择 SBS,乳化剂选择 EM-44,考虑油水比、改性剂用量、乳化剂用量、沥青温度、稳定剂用量这 5 个因素,每个因素考虑 4 个水平,选用正交表 L16(45)表,按照选定的正交表,制备 16 组试样,分别测试软化点、5℃延度、针入度。因素水平和具体的实验方案见表 5-2 和表 5-3。

因 素 水 平 表　　　　　　　　　　　　　　表5-2

因素	油水比	乳化剂用量(%)	改性剂用量(%)	沥青加热温度(℃)	添加剂用量(%)
水平1	50∶50	0.3	1.5	155	0.5
水平2	55∶45	0.4	2.0	160	1.0
水平3	60∶40	0.5	2.5	165	1.5
水平4	65∶35	0.6	3.0	170	2.0

正交试验方案　　　　　　　　　　　　　　表5-3

试验号	油水比	乳化剂用量(%)	改性剂用量(%)	沥青加热温度(℃)	稳定剂用量(%)
1	50∶50	0.3	1.5	155	0.5
2	50∶50	0.4	2.0	160	1.0
3	50∶50	0.5	2.5	165	1.5

续上表

试验号	油水比	乳化剂用量（%）	改性剂用量（%）	沥青加热温度（℃）	稳定剂用量（%）
4	50∶50	0.6	3.0	170	2.0
5	55∶45	0.3	2.0	165	2.0
6	55∶45	0.4	1.5	170	1.5
7	55∶45	0.5	3.0	155	1.0
8	55∶45	0.6	2.5	160	0.5
9	60∶40	0.3	2.5	160	1.0
10	60∶40	0.4	3.0	155	0.5
11	60∶40	0.5	1.5	170	2.0
12	60∶40	0.6	2.0	165	1.5
13	65∶35	0.3	3.0	165	1.5
14	65∶35	0.4	2.5	170	2.0
15	65∶35	0.5	2.0	155	0.5
16	65∶35	0.6	1.5	160	1.0

5.3.2 试验结果及分析

根据正交试验方案，制备16种改性乳化沥青，对其进行编号，按照《公路工程沥青及沥青混合料试验规程》(JTG E20—2011)对蒸发残留物的延度、软化点、针入度以及弹性恢复4个因素进行分析，试验结果见表5-4～表5-8。

正交试验结果　　表5-4

试验号	延度（cm）	软化点（℃）	针入度（0.1mm）	弹性回复（%）
1	34.1	57.9	68.1	85.7
2	32.5	59.8	67.4	86.9
3	37.0	62.3	61.5	83.4
4	33.1	64.1	56.9	88.8
5	31.7	62.7	63.5	85.1
6	29.1	59.4	65.2	85.4

续上表

试验号	延度 (cm)	软化点 (℃)	针入度 (0.1mm)	弹性回复 (%)
7	36.2	62.8	61.7	88.9
8	36.3	60.1	61.3	82.7
9	33.8	63.1	57.6	83.8
10	36.4	62.0	59.3	88.9
11	29.0	59.3	70.7	82.7
12	31.3	58.7	67.5	83.8
13	36.3	63.1	60.2	88.9
14	36.9	62.0	61.2	87.0
15	31.2	58.6	66.0	83.4
16	28.1	57.0	66.7	83.1

不同因素对延度影响的直观分析表　　表 5-5

均值	油水比	乳化剂用量 (%)	改性剂用量 (%)	沥青加热温度 (℃)	添加剂用量 (%)
均值1	34.175	33.975	30.075	34.625	34.500
均值2	33.325	33.725	31.675	33.525	32.650
均值3	32.625	33.350	36.000	33.300	33.425
均值4	33.125	32.200	35.500	31.800	32.675
极差	1.550	1.775	5.925	2.825	1.850

不同因素对软化点影响的直观分析表　　表 5-6

均值	油水比	乳化剂用量 (%)	改性剂用量 (%)	沥青加热温度 (℃)	添加剂用量 (%)
均值1	61.025	61.700	58.400	60.350	59.650
均值2	61.250	60.800	59.950	60.575	60.675
均值3	60.775	60.750	61.875	61.000	60.875
均值4	60.175	59.975	63.000	61.300	62.025
极差	1.075	1.725	4.600	0.950	2.375

不同因素对针入度影响的直观分析表　　表 5-7

均值	油水比	乳化剂用量(%)	改性剂用量(%)	沥青加热温度(℃)	添加剂用量(%)
均值 1	63.475	62.350	67.675	64.625	63.675
均值 2	62.925	63.275	66.100	64.900	63.350
均值 3	63.775	64.975	60.400	62.750	63.600
均值 4	63.525	63.100	59.525	61.425	63.075
极差	0.850	2.625	8.150	3.475	0.600

不同因素对弹性恢复影响的直观分析表　　表 5-8

均值	油水比	乳化剂用量(%)	改性剂用量(%)	沥青加热温度(℃)	添加剂用量(%)
均值 1	66.200	65.875	64.225	66.350	65.175
均值 2	65.525	67.050	64.800	65.300	65.675
均值 3	64.800	64.600	64.225	65.125	65.375
均值 4	65.600	64.600	68.875	65.350	65.900
极差	1.400	2.450	4.650	1.225	0.725

通过对试验结果及直观分析表分析,得出以下结论:

(1)软化点应越大越好,通过直观分析,在该条件下最佳水平组合为:油水比为 55∶45,乳化剂用量为 0.3%,改性剂用量为 3.0%,沥青温度为 160℃,添加剂用量为 2.0%。各因素对软化点的影响规律为:改性剂用量>添加剂用量>乳化剂用量>油水比>沥青温度,其中沥青温度对软化点影响较小。

(2)延度应该越大越好,通过直观分析,该条件下最佳水平组合为:油水比为 50∶50,乳化剂用量为 0.3%,改性剂用量为 3.0%,沥青温度为 170℃,添加剂用量为 0.5%。各因素对延度的影响主次顺序为:改性剂用量>沥青温度>添加剂用量>乳化剂用量>油水比。

(3)针入度应该越大越好,通过直观分析,该条件下最佳水平组合为:油水比为 50∶50,乳化剂用量为 0.5%,改性剂用量为 2.0%,沥青温度为 170℃,添加剂用量为 0.4%。各因素对延度的影响主次顺序为:改性剂用量>沥青温度>乳化剂用量>油水比>稳定剂用量,其中油水比和稳定剂用量对针入度影响很小,可以忽略。

(4)弹性恢复应该越大越好,通过直观分析,该条件下最佳水平组合为:油水比为 65∶35,乳化剂用量为 0.3%,改性剂用量为 3.0%,沥青温度为 160℃,添加剂用量为

1.5%。各因素对延度的影响主次顺序为:改性剂用量>乳化剂用量>沥青温度>油水比>添加剂用量,其中油水比和添加剂用量对弹性恢复影响很小,可以忽略。

改性剂用量是影响乳化沥青的最主要因素,在一定范围内,改性剂掺量越多,乳化沥青性能越好,但是,改性剂掺量过多,乳化沥青储存稳定性变差,放置一天后胶乳容易上浮,综合考虑成本问题,改性剂用量定为2.0%。

掺加乳化剂后,乳化沥青性能变化较大。各指标最优情况下,乳化剂最佳用量分别为0.5%和0.3%。增大乳化剂用量,可以提高乳化沥青的储存稳定性,在满足储存稳定性达标的情况下,乳化剂最少掺量为0.4%。综合考虑乳化工艺和储存稳定性,乳化剂用量宜为0.5%。

油水比主要影响沥青的软化点和延度,在这两种水平最优的情况下,油水比分别为50∶50和55∶45。试验中,采用油水比为50∶50的配比制备的乳化沥青储存稳定性不理想。因此,油水比最优方案为55∶45。

在一定范围内,增加添加剂用量会改善乳化沥青的稳定性,如果添加剂用量过多,会使皂液变稠,增加乳化难度。添加剂用量主要影响乳化沥青的软化点和延度。增加添加剂用量会使软化点上升,延度降低。在两者最优情况下,添加剂用量为0.5%~2.0%,综合考虑后稳定剂掺量定为1.5%。

沥青温度对残留物的延度、针入度及弹性恢复影响较大,三者在最优情况下沥青温度分别为120℃、165℃和160℃。考虑到温度太低,会增加乳化时的难度,综合考虑到沥青老化和乳化工艺问题,最后确定沥青最佳加热温度为165℃。

5.3.3 最终配方的确定

通过高浓度乳化沥青正交试验结果分析,最终确定的喷洒用SBS改性乳化沥青的配比。以基质沥青为掺量计算基数,具体见表5-9。

高性能喷洒乳化沥青最终配方　　　　　　　　表5-9

乳化剂			沥青 (%)	SBS改性剂 (%)
品种	用量 (%)	乳化剂 皂液pH值		
EM-44	0.5	1.8~2.0	51.5	2.0

按照乳化技术标准,对本书自行研制的高性能改性乳化沥青进行试验,试验结果见表5-10。

喷洒改性乳化沥青试验结果　　　　　　　表 5-10

试验项目		测试结果	技术要求	试验方法
赛波特黏度试验(25℃)(s)		38.2	25～100	T 0623
筛上剩余量试验(%)		0.01	≤0.05	T 0652
蒸馏固含量试验(%)		55.2	≥55.0	T 0651
蒸馏残留物性能试验	针入度(25℃,100g,5s)(0.1mm)	86	40～100	T 0604
	溶解度(%)	99.0	≥97.5	T 0607
	延度(5℃,5cm/min)(cm)	39	≥20	T 0605
	弹性恢复(25℃)(%)	82	≥80	T 0662
	软化点(℃)	63.2	≥60	T 0606
储藏稳定性试验(1d)(%)		0.18	≤1.0	T 0656

5.4　SBS 改性乳化沥青黏结性能试验研究

5.4.1　层间抗剪强度的构成

在车辆启动、制动频繁的场所和车速频繁变化的陡坡路段,沥青路面在水平力作用下易产生月牙形破坏,这是由于层间抗剪能力不足所导致的。所以,沥青路面结构层间结合状态的好坏主要体现在层间抗剪切变形的能力方面,抗剪切变形能力强、黏结性能好,则层间不容易出现滑动;反之,层间容易出现滑动,导致层间及沥青层内应力水平大大增加,进而影响沥青路面的使用性能。影响路面层间抗剪强度的因素很多。由于路面结构层类似于"三明治",包括上下面层混合料结构及黏层材料本身的结构,是相互关联结构与材料单一结构的总和。每一结构中的材料性质,都会对路面结构层产生很大的影响。

对于由粒料类材料组成的各路面结构层而言,可用摩尔-库仑理论来分析路面层间抗剪强度和稳定性。摩尔-库仑理论认为材料的剪切强度特性符合公式(5-1),也就是说路面结构层间的抗剪强度主要由两部分构成,一是摩擦力,主要来源于上下面层矿料颗粒之间的摩擦与嵌挤作用;另一部分是黏结力,同法向应力无关,主要源自黏层材料本身的黏结力以及沥青与矿料之间的黏结力。

$$\tau = c + \sigma\tan\varphi \tag{5-1}$$

式中：τ——路面结构层间抗剪强度（MPa）；

c——材料的黏聚力（MPa）；

σ——荷载产生的应力（MPa）；

φ——黏层结构的内摩擦角（rad）。

黏层材料的黏结力和内摩擦角可通过直接剪切试验确定。在规定的试验条件下，施加不同的正应力，可求得一组摩尔应力圆，应力圆的公切线是摩尔-库仑应力包络线，即抗剪强度曲线，该线与纵轴的截距就是黏层材料的内聚力，与横轴的交角即内摩阻角。

5.4.2 黏结层性能试验方法

由路面水平剪应力引起的层间相对滑动是个较复杂的过程，相对位移的大小和方向是受路面结构、面层混合料类型和微观构造、黏层材料类型和性质、荷载性质、环境因素等各种条件影响的，是一个极其复杂的力学模型，要想准确描述和模拟层间受力状态是一件很困难的事情。因此，本章采用简单易行的室内直剪试验来评价层间的抗剪切性能。

直剪试验的主要思想是模拟路面层间的受剪状态，严格来说其试验原理和路面实际受力状况有一定差别，但是由于其结果得到的是层间平均抗剪强度，可以逼近层间的实际受剪状态，且试验方法比较简单，容易控制，因此，用它来评价层间的抗剪切性能是可以接受的。本试验选用长安大学新型路面研究所自行研发的 HS-SSI 型直剪仪来进行层间剪切试验，如图 5-1 所示。

图 5-1 HS-SSI 型直剪仪

试验采用改进后的应变控制式直剪仪完成，具体试验步骤为：①成型面层 AC-13 车辙板试件（300mm×300mm×40mm），静置 1d，冷却至室温；②在已成型的标准车辙板试件上洒铺黏层油，然后手工摊铺纤维磨耗层混合料（300mm×300mm×10mm），放入

60℃的烘箱养护16h以上,取出试件,静置至室温;③利用钻孔取芯机,在已冷却的试件上取样,芯样尺寸 $\phi 101.6\text{mm} \times 100\text{mm}$,如图5-2所示。

图5-2 摊铺纤维磨耗层的取芯试件

5.4.3 黏层油的最佳用量

黏层油用量过多或过少都会对层间抗剪强度有十分显著的影响。用量过少,黏结力不足;用量过多,不仅无法起到良好的黏结作用,富余的黏层油反而会形成润滑层,导致层间滑移等病害的产生。因此,首先应确定改性乳化沥青用作黏层油的最佳用量。同步纤维磨耗层技术中黏层油的最佳用量为 $0.1 \sim 0.3 \text{kg/m}^2$。

在25℃和60℃下,竖向荷载为0.2MPa,剪切速率为20mm/min的试验条件下,以普通AC-13作为沥青面板,测定前文研发的黏层专用改性乳化沥青与SBR改性乳化沥青不同黏层油用量时的层间抗剪强度,从而确定黏层油最佳用量。层间抗剪强度试验结果见表5-11及图5-3和图5-4。

两种乳化沥青在不同用量时的层间抗剪强度表　　　　表5-11

	黏层油用量(L/m^2)		0.1	0.2	0.3	0.4	0.5
层间抗剪强度(MPa)	专用改性乳化沥青	25℃	1.874	2.054	2.243	1.973	1.682
		60℃	0.851	1.068	1.272	1.043	0.665
	SBR改性乳化沥青	25℃	1.402	1.598	1.673	1.481	1.263
		60℃	0.592	0.723	0.847	0.702	0.437

由表5-11及图5-3、图5-4分析比较可知,在25℃和60℃条件下,两种改性乳化沥青的层间抗剪强度均随着黏层油用量的增大而先增大后减小,两种改性乳化沥青对应的最佳用量均为 0.3L/m^2。因此,推荐专用改性乳化沥青对应的最佳用量为 0.3L/m^2。在

同一温度下,本书研发的专用改性乳化沥青的层间抗剪强度均大于同一用量的 SBR 改性乳化沥青。可见,通过本书介绍的方法研发出的黏层专用改性乳化沥青具有优良的层间抗剪切性。

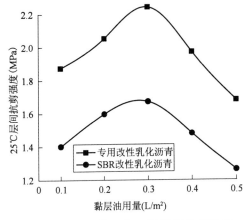

图 5-3 两种乳化沥青 25℃层间抗剪强度与黏层油用量关系图

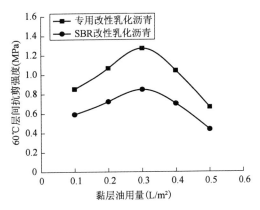

图 5-4 两种乳化沥青 60℃层间抗剪强度与黏层油用量关系图

第6章
CHAPTER 6

同步纤维磨耗层施工装备

同步施工具有施工速度快、工期短、开放交通快、社会交通受延误小、节约施工成本等优势，其中，同步施工设备起到了至关重要的作用。因此，对于同步纤维磨耗层来说，性能优越的同步施工设备是提升养护效果、提高施工效率的重要手段。本章针对同步纤维磨耗层同步施工的特点，设计、研发同步纤维磨耗层专用摊铺设备，通过在设备上添加改性乳化沥青黏层专用喷嘴与喷洒装置，设置纤维切割及添加装置，实现同步喷洒黏层油、切割纤维、拌和摊铺冷拌混合料形成磨耗层的功能，有效保证黏结层与磨耗层的整体结合。

6.1 同步施工设备介绍

同步纤维磨耗层技术以其出色的抗滑性能和防渗水性能得到了国内外广泛的认可，相应地，实现这一技术的施工装备——同步纤维磨耗层车也得到了一定的发展。该设备是指利用同步碎石封层车将沥青结合料的喷洒和集料的撒布同时进行，使沥青结合料与集料之间有最充分的接触，以达到它们之间最大限度的黏结度。

法国赛格玛(Secmair)公司在20世纪80年代研制出了同步碎石封层技术和设备，现已被美国、法国、英国、墨西哥、智利、俄罗斯、埃及、哈萨克斯坦、印度、越南、澳大利亚和中国等30多个国家采用。2002年，沈阳三鑫公司首先从法国引进了同步碎石封层技术和第一台同步碎石封层车。其后，同步碎石封层技术在我国高等级公路下封层施工中得到广泛使用，湖南、安徽、吉林、河南、广西等地也进行了碎石封层路面罩面的施工尝试。

赛格玛公司是国外同步碎石封层车技术的代表，生产有Chipsealer系列30、40、41等多个型号的同步碎石封层车，以及牵引式和举升料斗同步碎石封层车的代表——"凯撒路霸"连续型同步碎石封层车。"凯撒路霸"连续型同步碎石封层车还是一款具有连续作业能力的同步碎石封层车。

国内对同步碎石封层相关技术的研究以埃蒙泰中国代表处、地方公路建设与养护部门为代表，研究内容主要集中在同步碎石封层的应用和施工设计，瞄准国内同步碎石封层市场。公路养护的部门纷纷从国外引进同步碎石封层车，与此同时，国内很多的筑路养护机械制造企业也开始从事同步碎石封层产品的开发。目前,已推向市场的同步碎石封层车有:西安筑路机械有限公司的 TS4000 型同步碎石封层车、西安达刚的 TBS3500B 型同步碎石封层车、杭州美通的 LMT5310TFC 型同步碎石封层车、欧亚机械的联合洒布车、河南高远的 GYKT0616A 型同步碎石封层车、欧亚 CB838 型同步碎石封层车、河南新友的 XY5250TSF 型同步碎石封层车等。这些设备产品同质化现象普遍,在智能化、施工工艺优化等方面还存在较大的提升空间。

RP600S 型沥青同步洒布摊铺机用于沥青路面超薄纤维磨耗层同步施工具有良好的条件。该设备将沥青洒布系统合理地配置在摊铺机上,实现在乳化沥青喷洒的同时进行沥青混凝土材料的摊铺,具有施工效率高、节约材料、路面质量好等优点。该产品不仅可以用来维修旧的沥青路面,而且可以用来铺筑新沥青路面的封层,既可以用在沥青路面上,也可用在水泥混凝土路面和桥面上铺筑罩面。

6.2 机械设备发展趋势

随着我国公路养护市场规模的不断扩大,封层车类施工机械的需求量也呈现快速增长态势,随着电液控制技术、新材料和新工艺的不断发展应用,以及用户对预防性养护认识的提高,当下的施工机械呈现出如下发展态势:

(1)智能化控制和人性化操作

随着电液控制技术不断进步,同步封层施工设备的电气控制技术越来越智能化,各种运动参数都是由控制器来操作完成,系统故障能够远程诊断,机、电、液一体化技术应用,使整机操作更加便捷、集中、舒适。

(2)配比精度提高、拌和和摊铺性能优化

随着技术进步,根据路面的使用状况,更加精准的养护工艺和手段成了未来路面养护的新方向,这就需要同步封层设备的级配精度控制不断提高、拌和材料和摊铺性能不断优化。

(3)环保节能

环保节能是工程机械近几年发展的主题,利用智能控制实现功率合理匹配,动力按需分配,可显著降低燃油消耗和噪声。

(4)配置和功能的多样化

配置和功能的多样化是路面养护设备最有价值的特点。在新材料和新工艺不断发展的背景下,一机多用能够节省机械成本,成为主流的发展趋势。这要求封层设备能完成封层作业、冷料薄层摊铺作业等工作。同时,通过加挂各种规格的车辙摊铺箱,使摊铺箱的宽度可以调节,以适应不同的路宽,摊铺箱具有自找平功能,对养护路面起到很好的校平作用,同时也能够摊铺彩色封层路面等。

(5)大型化、系列化

随着封层施工逐年增多,市场更加青睐更大型的、多功能的封层车。为使封层车的工作效率更高,要求集料仓容积更大,配置的辅助发动机功率增大,更容易实现自行式连续作业或者车载配合式连续上料作业。

6.3 NS9 同步纤维磨耗封层车

同步纤维磨耗层与稀浆封层是两种不同的路面养护方式,同步纤维磨耗层技术是在稀浆封层技术基础上自主研发形成的先进预防性养护技术,在稀浆中均匀加入纤维,摊铺在路面上,形成一种全新的结构形式——同步纤维磨耗层。

为充分发挥同步纤维磨耗层技术的性能优势,提高其施工效率和施工质量,中国交通建设股份有限公司与中交西安筑路机械有限公司、中咨公路养护检测技术有限公司共同开发了同步纤维磨耗层施工所采用的专用设备——NS9 同步纤维磨耗层车。

NS9 同步纤维磨耗层车能同时洒布高黏改性乳化沥青,并在搅拌锅内添加玻璃纤维,通过纤维改善混合料性能,摊铺玻璃纤维超黏稀浆混合料,经碾压后形成新的磨耗层或者应力吸收中间层。通过同步喷洒超黏乳化沥青增强沥青路面层间抗剪强度及黏结强度,将稀浆封层与薄层罩面施工工艺完美结合,提高路面的抗滑性和防水性,改善路面平整度和行车舒适性从而达到"返老还新"的效果。

NS9 同步纤维磨耗封层车是在我国原有微表处设备的基础上,对德国百灵公司专用设备进行借鉴、引进、消化及再创新,自主研发了等量等压控制系统,设计的高性能液压驱动纤维装置,配合中交西安筑路机械有限公司易法智能服务系统实现了同步纤维磨耗层全程精细化施工与远程监测,满足了施工需求。

6.3.1 总体结构模块构成

该设备是以最大装载质量为 31000kg 的 8×4 汽车底盘搭载上部工作装置改装而

成,车身整体呈箱式结构;上部工作装置由前后两部分组成,前部为上装发动机系统,中后部为储料仓及后部机架,如图6-1所示。

图 6-1 NS9 同步纤维磨耗封层车外形

发动机、分动箱和液压泵等安装在前部平台;添加剂罐、液压阀组和传动系统安装在左侧平台板;右侧平台板装有黏层油沥青箱、乳液加热循环系统、高黏沥青泵送系统;矿物细料及纤维系统安装于设备后部;沥青喷洒装置、气路控制系统及燃烧器安装在设备后下部;尾部包括设备控制操作人员平台和单极双轴搅拌箱,本机可连接各种类型的摊铺箱。

6.3.2 总体功能参数

(1)稀浆最大生产率2500kg/min。

(2)黏层油喷洒系统。

高黏乳化沥青箱容量:400L;

最高加热温度:75℃;

喷洒量:0.2~0.5kg/m²;

喷洒宽度可调,最大喷洒宽度:4.3m;

最大喷洒压力:6bar❶。

---

❶ $1bar = 10^5 Pa$。

(3)纤维添加系统。

纤维切割长度:8mm、12mm、16mm;

纤维箱储量:68kg、102kg;

纤维添加能力可调,最大纤维添加量:4kg/min;

驱动方式:液压。

(4)搅拌锅技术指标。

双轴搅拌,耐磨涂层搅拌叶片;

生产能力:2500kg/min;

搅拌时间:6s。

(5)皮带机主要技术参数。

额定生产能力:2500kg/min。

(6)WT4200摊铺箱技术参数。

摊铺宽度:2.5~4.2m液压伸缩,机械加宽;

摊铺厚度:3~20mm;

配备双中空螺旋布料器高耐磨聚氨酯刮板。

(7)集料仓容量:9m³。

(8)乳化沥青箱容量:2700L。

最大乳化沥青输送量:300kg/min。

(9)水箱。

水箱容量:3200L;

最大供水量:240kg/min。

(10)粉料仓容量:0.56m³。

(11)添加剂罐容量:230L。

(12)底盘。

中国重汽豪沃国Ⅳ(8×4);

最高车速:67km/h;

作业速度:1.8km/h;

满载质量:31000kg。

(13)上装发动机。

东风康明斯水冷柴油机;

额定功率/转速:81kW/(2200r/min)。

(14) 外形尺寸(长×宽×高):11950mm×2500mm×3400mm(不加挂摊铺箱)。

6.4 车辆机械结构

6.4.1 底盘

NS9 同步纤维磨耗封层车对底盘要求为具备高的承载能力,选取满载总质量 31000kg、8×4 汽车底盘,并需要符合上装供料系统相匹配的摊铺工作速度(工作速度≥25m/min)及转场行驶速度要求。据此,NS9 同步纤维磨耗封层车选取中国重汽豪沃底盘作为该装备的配套底盘。

6.4.2 上装系统构成

(1)上装发动机

NS9 的发动机系统依据类比及经验,综合技术性和经济性,选用东风康明斯水冷柴油机,采用一分为二的分动箱动力输出方式,驱动两组三联齿轮泵,此泵组分别驱动搅拌锅回路、离合器轴回路、摊铺箱回路、添加剂粉料回路、超黏沥青喷洒系统、纤维添加系统和辅助回路系统,动力传递如图 6-2 所示。柴油机的技术参数见表 6-1。

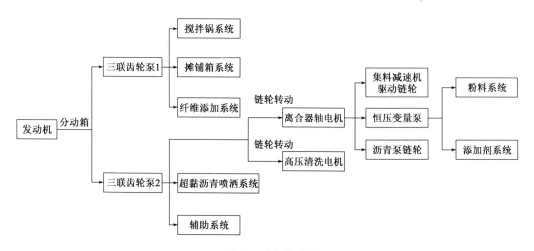

图 6-2 动力传递图

东风康明斯柴油机的技术参数　　　　表 6-1

标定功率(kW)	96	调速率(%)	8~10
标定转速(r/min)	2200	怠速(r/min)	800~900
标定油耗[g/(kW·h)]	≤185	机油消耗率[g/(kW·h)]	≤1.63
最大转矩/转速[N·m/(r/min)]	620/1500	排放标准	国Ⅲ

(2)纤维切割

同步加纤是指在混合料中加入一定量的纤维,通过机械合成形成具有特殊结构的聚合物单体,以改变混合料的物理性能。纤维具有较好的切割性、较强的共混改性性能及填充加筋功能。

玻璃纤维束强度高,且有一定韧性,施工需要在完全切断玻璃纤维束的同时保证传送带完好,如采用普通的切割刀轮,极易在玻璃纤维束切割处产生毛边,使其断面不够平整,甚至因精度不够导致玻璃纤维束不能被完全切断。因此,需要优化设计后采用以斜切方式取代直切,同时严格控制切割精度。

切割机构主要由4个部分组成:①切割执行机构即切割刀轮;②切割刀进刀、退刀机构,其作用为控制切割刀接触及远离纤维带;③切割刀旋转机构,其作用为旋转切割刀使其与纤维束成指定的角度;④切割刀进给机构,其作用为使切割刀按照指定的角度进给,完成对纤维束任意设计角度的切割。

切割运动过程原理如图 6-3 所示。在几何可变的切割机构中,零部件依据自由度进行移动或者旋转,平移或者转动之后,它的空间位置状态就发生了变化。例如,最核心运动——旋转切割刀的运动就是由电机驱动小齿轮旋转,小齿轮驱动大齿轮旋转,并连接轴套。即轴套带动气缸、支板及包括切割刀在内的所有零件旋转至一定角度。

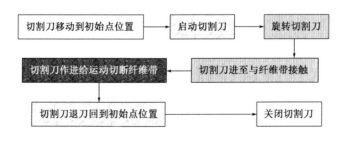

图 6-3　切割运动过程原理

在纤维束切割机构中,切割机构按照运动先后,依次完成刀具旋转—进刀—切割—退刀。设定倾斜角度后,通过调整电机驱动齿轮转,带动刀具旋转至一定角度后进刀切割再退刀,实现切割刀旋转运动,完成斜切。

纤维切割装置包括纤维存储箱、纤维切割机构、气路系统、液压系统,电气系统等组成。其作用为:将纤维通过剪切单元剪切形成段状纤维,用于与稀浆充分混合。其工作原理为:工作时,纤维由输送轮和压紧胶轮输送到切割刀轮和压紧胶轮之间,由于切割刀轮旋转,压紧胶轮和输送轮也因摩擦力而旋转,从而将纤维切割断,通过调整剪切刀轮的转速可以控制纤维的添加量,根据需要,纤维切割装置可以同时切割数根纤维,纤维的添加量可以进一步加大。

混合料拌和中纤维添加过程先后经历抽拉带送、成束被切割及落入搅拌箱搅拌等步骤。此间由于剪切产生静电,进而形成静电吸附,堆积在切割和投料装备表面。为此,必须去除纤维切割后静电吸附,纤维切割器上配有两处吹气口,可将切割断的纤维迅速吹散并落入搅拌箱。纤维切割器的主要零部件都由铝合金或者不锈钢制成,可防止因不断摩擦而产生的静电,导致纤维下落不畅而导致切割刀片损坏的问题。纤维切割器装有转数传感器,可实时显示切割轮转速,方便用户对纤维添加量进行标定。

经过理论分析和试验研究确定施工纤维添加最佳用量为2.0‰,为满足该最佳添加量2.0‰的需求,设计研究的纤维切割装置技术参数见表6-2。

纤维切割装置技术参数表　　　　表6-2

技术指标	参数范围	技术指标	参数范围
纤维切割长度(mm)	8、12、16	纤维细度(dtex)	1.5~2.5
纤维添加量(g/m^2)	4~10	纤维密度(g/cm)	1.18

(3)超黏乳化沥青喷洒系统

超黏乳化沥青喷洒是同步纤维磨耗稀浆封层工艺中不可缺少的一部分,主要用于养护过程中层间处治,使界面之间能有效黏结,确保搅拌好的冷拌纤维混合料摊铺时与旧路面能有效黏结,保证其层面合一,强度、防水性符合规范要求,提高路面耐用性及寿命。

超黏乳化沥青喷洒系统主要由沥青加热保温、超黏乳化沥青供给、超黏乳化沥青喷洒、喷洒量控制、气路控制等系统构成,其控制原理如图6-4所示。

(4)沥青加热保温系统

为了降低沥青黏度,实现均匀洒布,NS9超黏乳化沥青喷洒车所喷洒的介质必须在沥青易喷洒的温度范围进行喷洒,这就要求NS9超黏乳化沥青喷洒车在静止或运输状态时应具有较好的保温性能以减少热量散失,且在施工前的准备及施工过程中应具备良好的加热性能,以实现喷洒沥青的温度,提高作业效率。

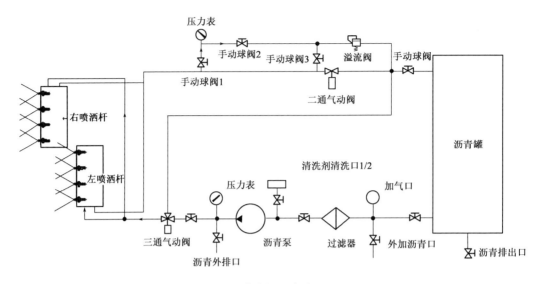

图 6-4　超黏乳化沥青喷洒原理图

NS9 采用智能燃油加热器加热导热油,利用燃烧换热原理加热循环系统内导热介质为沥青罐、沥青泵及阀的保温升温和预热提供热能。该装置将燃烧器与乳液泵合二为一,能在 −40℃ 以上环境正常启动,加热器 70℃ 自动灭火,60℃ 重新启动。燃料采用与环境温度相适应牌号的轻柴油,即从汽车底盘油箱抽取柴油作为燃烧能源,燃油加热器如图 6-5 所示。

图 6-5　燃油加热器

(5) 超黏乳化沥青供给系统

超黏乳化沥青供给系统包含箱体、管路、超黏乳化沥青泵等,且乳化沥青喷洒动力是通过液压系统完成的,由液压齿轮泵、液压摆线马达给沥青泵提供动力,通过调节伺服阀的控制电流实现乳化沥青泵的无级调速,联轴器上带有速度传感器,可实时将沥青泵的速度反馈给控制器,达到对乳化沥青流量的精确控制。超黏乳化沥青供给系统见图 6-6。

a)沥青供给泵和液压马达设计图

b)供给系统实物图

图 6-6　超黏乳化沥青供给系统

(6)车速与喷嘴流量范围研究

喷嘴的选择匹配是满足单位面积喷洒量及喷洒均匀性、提高施工质量的关键,NS9 选用中国重汽豪沃国Ⅳ(8×4)作为行走底盘,行走速度一般控制在 12～34m/min 之间。利用式(7-1)对不同喷嘴数量、不同沥青洒布宽度、不同洒布量的情况进行计算。

$$N_q = 60\lambda B v_{车} = 60\lambda N q b v_{车} \tag{6-1}$$

式中:λ——沥青洒布量(L/m^2);

B——洒布宽度(mm);

$v_{车}$——工作车速(km/h);

N——喷嘴数目;

q——单个喷嘴流量(L/min);

b——喷嘴间距(mm)。

通过研究,得出如下结论:$v_{车}$ 一定,沥青洒布量 λ 相同时,所需的单个喷嘴流量 q 为定值,与洒布宽度 B 无关。无论 B 为何值,每个喷嘴所喷出的流量一定;$v_{车}$ 一定,喷嘴数量相同时,所需的单个喷嘴流量 q 随沥青洒布量 λ 的增加而增加。

显然,如果只采用一种规格的喷嘴来进行全洒布量(0.2～0.6L/m^2)和全洒布宽度(2500～4200mm)范围内的洒布的话,势必导致在恒量喷洒控制系统中喷洒压力所跨区间过大,从而导致高压过高、低压过低的情形,或造成喷洒面成型不充分,或导致喷洒出来的乳化沥青过度雾化,形成环境污染和对施工作业人员的健康造成危害,使洒布质量变差。因此,有必要选用多套不同规格的喷嘴,并将喷嘴的喷洒压力设定在一个恰当的范围内,这个范围应既能形成满足施工要求的扇形喷洒面,又不至于沥青发生过度的雾化而随风飘散。

根据大量试验分析和工程实践经验得出:①可根据施工现状调整沥青喷洒压力,设高压、低压高档,可选喷洒压力,不仅能确保施工区域内乳化沥青均匀喷洒,而且避免污染施工周边区域及附属设施。喷洒压力一般设置为低压挡(3bar)即可达到全覆盖及喷洒均匀的效果,遇到黏度过大或施工温度较低时选择高压挡(4.0bar),增大喷洒压力,即使难喷洒的乳化沥青也可以精确控制洒布。当喷洒管压力超过3bar时溢流阀打开。②在施工喷洒时根据沥青现状实时调整喷洒高度,以形成95°~110°喷洒角,即可达到喷洒全覆盖的效果。恒压喷洒控制系统中,由于喷洒高度以及喷洒角的配置不合理,将导致洒布的过度叠度,影响洒布均匀性。故本书对喷洒高度和喷嘴安装角度进行了研究,不同洒布角度下的沥青洒布重叠度如图6-7所示。

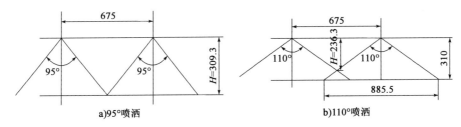

图6-7 不同洒布角度下的沥青洒布重叠情况(尺寸单位:cm)

由图6-7中可以看出,95°与110°喷嘴喷洒高度不同,若以95°喷嘴喷洒高度310cm为基准,110°喷嘴必须将喷嘴安装倾角进行调整,通过计算喷嘴安装倾角约为40.33°。

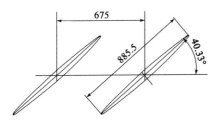

图6-8 喷洒效果(尺寸单位:cm)

喷洒效果如图6-8所示。

喷嘴的喷洒方式摒弃了传统的连续式喷洒,采用脉冲控制式喷洒,实现设定区域的均匀、精确喷洒,从油膜效果上看,既完全覆盖,且不会产生重叠。喷洒脉冲的频率,根据洒布量、压力及摊铺速度自动调节。

综上所述,单一规格的喷嘴,其可工作洒布量区间往往无法覆盖设计的施工区间。因此,施工前需要根据沥青喷洒范围,进行喷嘴布置设计,即根据平面布置,配以不同规格的喷嘴,并以脉冲控制方式喷洒,通过调剂喷洒压力、频率及车速,实现施工区域内精确喷洒计量的均匀喷洒覆盖。例如,4.05~13.77L/min范围内的沥青喷洒,要满足在0.2~0.6L/m²洒布量范围内工作,就必须配备多达5套不同规格的喷嘴,考虑到现场更换,选配11015、11020、9530三种型号的喷嘴。等压喷洒(3bar)可控制沥青喷洒量在0.2~0.5L/m²范围内。等量喷洒(0.3~4bar)可控制沥青喷洒量在0.2~0.6L/m²范围内。

(7) 超黏乳化沥青喷洒

喷洒杆由两根呈左右一字形排列的共19组喷洒气缸、喷嘴和喷洒杆体组成,两组喷洒杆两端为进油、回油接口,采用软管与乳化沥青输送系统连接。左右两个伸缩喷洒杆通过气缸固定在主架底盘两侧。常规锥形喷嘴喷射出的沥青呈圆锥状散布,相邻的两个喷嘴间易形成交叉干涉区域,从而导致洒布层的厚度不均,而长缝形喷嘴喷出的沥青呈细线状扁椭圆形散布,易于避免沥青射流干涉,如图6-9所示。

a) 喷嘴组合　　　　　　　b) 喷洒系统控制器

图 6-9　超黏乳化沥青喷洒系统

喷洒杆采用液压马达控制的无级伸缩结构,基本喷洒宽度2.5m,最大喷洒宽度4.3m,喷洒杆升降由气缸控制,升降行程为250mm,通过调整喷洒杆高度,可在单次行驶过程中实现单层覆盖喷洒或双层喷洒。

智能控制喷洒:根据行驶速度自动调整喷洒量,保证每平方米上的喷洒量恒定,喷洒量可在$0.2 \sim 0.5 kg/m^2$之间根据施工需要设定。自动模式时,只需预先设定洒布量,工作时车走即自动喷洒,车停自动关闭。采用前、后台控制开关智能控制沥青回路中各阀的动作,实现小循环、大循环及喷洒模式的切换。喷嘴及喷洒回路清洗:采用高压空气清洗,一键开启,自动循环清洗。

(8) 智能控制系统

NS9同步纤维磨耗封层车加装有易法智能服务系统,可实现远程监测、定位、调试、服务等功能。该系统结合物联网技术将工程设备的诊断、服务、销售和监控统一到一个平台上。利用车载终端实现设备全球定位系统(GPS)定位和作业数据采集,然后通过互联网上传至终端服务器。最后,经解析后的数据在系统平台中向专家及用户展示设备在地图中的位置和设备作业相关信息数据等。

易法控制系统基于可视化平台,借助三维建模技术、物联网技术、传感器技术、3G、4G 技术、GPS 技术,在搅拌站、摊铺机、压路机、铲车等设备现场使用能自主组网的无线网络传感器以及高精度北斗、GPS 将位置、轨迹与温度、厚度、速度、压实度等数据融合,将所有施工现场和生产环节关键过程数据计入网络,形成智慧监测可视化平台。在这样一个可视化平台上,交通主管部门、业主、监理等单位的各级中、高层管理人员可不用去施工现场,随时随地通过电脑、手持终端查看具体设备生产现场、施工情况的虚拟动态三维现场环境、实时数据分析并可与现场人员视频通话。基于 NS9 的智能控制系统将公路建设施工行业带入工业 4.0 时代、"互联网" +时代。

6.5 NS9 同步纤维磨耗层车技术特点及创新

6.5.1 NS9 同步纤维磨耗层车的技术特点

(1)全电脑控制超黏乳化沥青喷洒装置,保证对洒布量及均匀性进行精确调节与控制,并可随车速变化实时调整,沥青洒布量不受车速影响。先进、可靠、高效的温度控制系统,可洒布不同黏度的沥青黏结剂。同步进行乳化沥青喷洒和稀浆封层作业,黏结效果最佳,全程控制超黏乳化沥青同步洒布的联动。

(2)欧姆龙可编程序控制器(PLC)编程控制、人机化设计,性能可靠,设有自动和手动两套控制系统,可实现单键起停,操作简单,也可在操作平台上手动完成作业。

(3)装设高性能液压驱动纤维剪切装置,纤维添加量大,剪切长度有多种规格,完全满足各种施工的需求。

(4)带有易法智能系统终端,可与电控发动机实现 CAN 通信,可实现远程服务、故障诊断、GPS 定位等功能,使 NS9 同步纤维磨耗层在服务上更加便捷、完善。

(5)大容量搅拌箱,生产效率高,复合耐磨材料的搅拌叶片,寿命更长。双轴强力搅拌,拌和无死角,制浆效果好。搅拌箱后部可升降,保证坡道路面的施工质量。

(6)拉索式后置远控油门,操作手可以精确控制施工速度,保证施工质量。

(7)叶片沥青泵、水泵、添加剂泵、液压泵及各类液压元件性能稳定可靠。

(8)料仓内部防腐处理,整车流体管道全部采用不锈钢元件,延长了设备的使用寿命。

(9)乳化沥青、集料可调整、延迟,保证起步和收尾的施工质量,提高材料利用率,减少废料,降低成本。

(10)具备沥青自吸加入功能和溢出自排功能。

6.5.2 技术创新

(1)可进行微表处和同步乳化沥青纤维微表处施工

NS9同步纤维磨耗封层专用车可以满足将聚合物改性乳化沥青、集料、填料、水和添加剂按设定配比拌和成稀浆混合料铺筑到同步喷洒高黏改性乳化沥青黏结层,使上下层牢固地黏结在一起,增强层间耐久性、层间抗剪切强度及黏附力,提高寿命。同时向搅拌锅内添加所选用纤维,改善了铺筑在路面上的稀浆混合料整体物理、力学性能,独特的网络缠绕结构与高黏改性乳化沥青形成板块效应,使层间的抗拉、抗压、抗剪及抗渗水等到不同程度提高,独特的网状结构具有较强的张力、弹力,对由面层传递的荷载具有较强的吸收和分散能力。高防水性、高稳定性、快捷施工是该设备、该工艺的施工亮点。黏层油喷洒系统完全按照需求而设计,玻璃纤维的添加量大,切割长度可调,能够充分体现同步纤维磨耗层技术的特点。

(2)加装易法智能服务系统

NS9同步纤维磨耗层封层专用车搭载易法智能服务系统能够实现远程监测、服务、定位等功能。

①形成一种施工设备的"全生命周期、智能化、可视化"的管理理念,从"人、机、料、工、监"五个环节进行控制,使设备高效使用、减少设备使用人员的培训成本、维护成本、设备施工成本、原材料成本等,提高设备施工工艺、延长设备使用的生命周期。

②在大数据分析基础上,收集施工设备、施工过程等相关的各类特征参量、指标,融合专家信息系统的评价意见,通过远端云方式分析处理,得到施工设备状态、施工情况、进度评估等信息。进行及时、清晰、准确的设备、施工问题排查和施工方案设计,最终进行智能化分析处理,得到施工过程的最优智能服务方案设计和施工质量评价管理。

③大大提高了工程机械设备的智能化、信息化管理。通过远程服务可解决75%以上的设备故障,极大地降低了时间成本和服务成本,分秒级别的服务响应和全方位管家式的服务,最大限度地保障了客户的施工周期和施工质量,经济效益、社会效益明显。该系统平台是"互联网+工程机械"的典型应用,是物联网时代智能制造业转型升级必由

之路,对其他行业亦有积极的参考意义。

(3)采用马达驱动齿式变宽机构的乳化沥青黏层油喷洒装置

采用马达驱动齿式变宽机构的乳化沥青黏层油喷洒装置有效地解决了高黏油喷洒时的宽度与摊铺宽度的有效匹配问题,有效解决了喷洒高度及产品运输高度的调整问题,保证了喷洒高黏度改性乳化沥青均匀性,简化了操作人员控制,实现沥青喷洒的完全自动化和智能化。

(4)利用发动机尾气预热

采用汽车发动机排气口的热能来对即将铺筑的路面进行预热。在汽车底盘前部下方横向设置固定喷管及安装在汽车发动机排气口上的切换阀门,通过阀门将汽车高温尾气均匀地喷向路面。采用该预热装置能够有效地对作业前的路面进行加热,减少喷洒的高黏改性乳化热沥青与路面的温差,使之与路面相结合,提高黏结度,进而提高汽车发动机排气热量的利用率,降低能耗。

(5)采用车载式液体燃油加热器对喷洒黏层油进行加热保温

采用一体式燃油加热及导热油循环系统对高黏乳化沥青管路、沥青泵、气动球阀、阀组等进行保温加热,不仅节约了能源,而且节约了资金,减少空间布局。其工作原理为:电动机带动油泵、助燃风扇及雾化器转动。油泵吸入的燃油经输油管送到雾化器,雾化后与助燃风扇吸入的空气在主燃烧室内混合,被炽热的电热塞点燃,在后燃烧室内充分燃烧后折返,经水套内壁的散热片,将热量传给水套夹层中的冷却液介质,被加热介质在水泵的作用下,在整个管路系统中循环,达到循环加热的效果。

第 7 章
CHAPTER 7

同步纤维磨耗层施工及质量控制

本章将研究同步纤维磨耗层的施工工艺及其质量控制,提出竣工验收质量控制标准,为同步纤维磨耗层的施工及验收提供依据。

7.1 原路面的技术要求

同步纤维磨耗层作为一种新型的预防性养护技术,如果在合理的时间内对沥青路面进行正确维护,就可将路面病害消除在萌芽状态,从而变被动为主动,延缓路面状况的恶化,因此养护时机的确定尤为重要。由于沥青路面在寿命周期的各个阶段性能会有不同程度的衰减,并表现出不同的路面性状,而同步纤维磨耗层这种养护新技术对旧路面的状态有一定要求。如果路面破损严重,必须对原路面进行适当处理,待原路面恢复承载能力,保持规定的平整度,方能实施预防养护。可见,研究旧路状况对同步纤维磨耗层的影响有利于最佳养护实际的确定。路面的破损状况是反映路面整体稳定性及其结构完整性的一个指标,路面损坏所表现出来的形态和特征是多种多样的,由于在同步纤维磨耗层铺筑前需对旧路的车辙、坑槽、磨光等病害进行修补处治,因此,在研究旧路破损状况的适应性时,主要考虑同步纤维磨耗层对旧路裂缝宽度的适应性。

同步纤维磨耗层路面结构在裂缝尖端存在明显的应力集中现象,裂缝尖端的应力显著大于周围应力,应力场表现出明显的奇异性。正是由于裂缝尖端的这种应力集中现象最终导致了裂缝的向上扩展,进而形成了反射裂缝。基于以上分析,为了避免旧沥青路面裂缝对同步纤维磨耗层养护效果的影响,建议旧路表面的裂缝宽度小于 2mm 时,应采用同步纤维磨耗层进行预防性养护,此时养护可充分发挥纤维磨耗层的优良特性,延长同步纤维磨耗层的使用寿命。

同步纤维磨耗层主要的功能是封水、改善抗滑,恢复路面构造深度,但其作为厚度仅为 10mm 左右的薄层结构,不能抵抗反射裂缝的出现,不适宜填补过深的车辙,对路面结构性的补强不起作用。因此,同步纤维磨耗层施工前,原路面应满足以下要求:

(1)原路面必须有充足的结构强度。

(2)原路面若有裂缝,应先根据裂缝宽度相应处置后方可实施同步纤维磨耗层施工。

(3)原路面的拥包、推移等隆起型病害应事先进行局部铣刨预处理。

7.2 施工工艺

7.2.1 施工流程

本书研发的专用黏层及同步纤维磨耗层的施工工艺如图 7-1 所示。

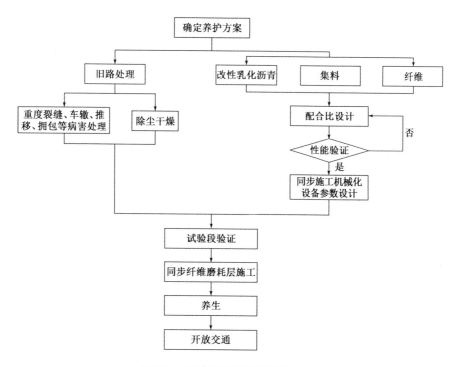

图 7-1 同步纤维磨耗层施工工艺

(1)施工前对旧路的处理

对原路面的车辙、推移、拥包等病害进行预处理,使旧路表面无大的病害,路表较为平整。同时为了使层间结合更好,须提前对原路面进行清扫,对有浮土污染和泥块粘贴的地段用扫帚清扫或钢刷刷洗,必要时使用高压水枪冲洗。冲刷过的路面应在表面干燥后再进行施工。

(2)材料准备

按设计进行原材料储备,包括集料筛分、分类配比存放,乳化沥青原材料储备及纤维储备等。

包括按生产工艺要求准备改性乳化沥青生产所需的各项原材料并进行材料性能检验。原材料检测合格后,按生产工艺要求进行改性乳化沥青制备并进行合理的储存。

(3)设备标定

施工前对同步纤维磨耗层施工装备进行检查、调试及计量标定。包括但不限于称重装置、加热系统的控温装置、传送带运行速度、集料搅拌装置,压力装置、流量计、洒布几何范围、纤维投放控制装置及车速控制系统等。

(4)同步施工

施工前对设备进行标定与调试,调整专用乳化沥青的喷洒剂量,利用同步纤维磨耗层专用车同步完成乳化沥青专用黏层的喷洒及同步纤维磨耗层的铺筑。

(5)养护开放交通

施工完成后,待同步纤维磨耗层中的乳化沥青破乳、强度形成一段时间,结合天气和温度情况,可开放交通。

7.2.2 施工注意事项

(1)标定:在施工前,每台摊铺车都要进行标定,确保在施工中各种材料的配比符合设计要求,避免出现偏差。

(2)同步纤维磨耗层施工的气候条件应满足:①施工、养护期内的气温不得低于10℃;②严禁在雨天施工。施工中遇雨或施工后混合料尚未完全成型时遇雨的,后期应将无法正常成型的材料层铲除;③严禁在过湿或积水的路面上进行同步纤维磨耗层施工。

(3)同步纤维磨耗层施工必须在设置足够数量的合格安全标志的施工区域内进行。为保证行车及施工安全,同步纤维磨耗层应在白天施工并控制好当日工作量,尽量在天黑前开放交通。若确有特殊情况下不能开放交通的,应增加夜间反光标志,确保交通安全。

(4)实施同步纤维磨耗层路段起终点与原路面高差很小,对车辆行驶安全影响甚微,不需进行搭接处理。

7.3 施工质量控制

7.3.1 施工前材料与设备检查

(1)施工前提供黏层乳化沥青、纤维磨耗层混合料的检测报告,并确认符合技术标准要求,同时提供同步纤维磨耗层专用车标定报告。在确认材料规格和专用车参数等符合要求,得到监理确认后方可施工。

(2)施工前应对摊铺机的性能、标定和设定以及辅助施工车辆配套情况、性能等进行检查。

(3)施工前材料的质量检查应以同一料源、同一批次并运至生产现场的相同规格品种的集料、改性乳化沥青等为"一批"进行检查。检查频率和要求如表7-1所示。矿料级配和砂当量指标不能满足设计要求的,必须重新进行混合料设计或者重新选择矿料。

施工前材料质量检查及要求　　　　　表7-1

材　料	检 查 项 目	要　　求	检 查 频 率
改性乳化沥青	表3-9要求的检测项目		
矿料	砂当量	符合设计要求	每批来料一次
	级配		
	含水率	实测	每天一次

7.3.2 施工过程的质量控制

施工中应对黏层乳化沥青、同步纤维磨耗层混合料进行抽样检测,抽检项目、频率、允许误差及方法如表7-2、表7-3所示。

黏层乳化沥青施工过程检验要求　　　　　表7-2

抽样项目		频　率	允许误差	方　法
蒸发残留物含量		1次/d	±5%	T 0651—1993
标准黏度		1次/d	—	T 0621—1993
蒸发残留物性质	软化点	1次/d	—	T 0606—2000
洒布量		1次/d	±10%	

同步纤维磨耗层混合料施工过程检验要求 表7-3

抽样项目	频率	要求	方法
稠度	1次/100m	适中	经验法
油石比	1次/d	施工配合比的油石比±0.2%	三检验法
矿料级配	1次/d	施工配合比的矿料级配	摊铺过程从矿料输送带端取料筛分
外观	全线连续	表面平整、均匀、无离析、无划痕	目测
摊铺厚度	5个断面/km	±10%	钢尺测量,每个断面测3个点,分别在路中央和两侧
浸水1h湿轮磨耗	1次/7个工作日	≤540g/m²	T 0755

值得注意的是,在施工中可采用"三控检验法"对混合料进行油石比检验:

(1)每天摊铺前检查摊铺车料门开度和各个泵的设定是否与设计配比相符,认真记录每车的集料、填料用量和改性乳化沥青用量,计算油石比,每日一次总量检验。

(2)摊铺过程中取样进行混合料抽提试验,检测油石比大小是否与设计配比相符。

(3)每50000m² 左右,统计一次施工用集料、填料和改性乳化沥青的实际总用量,计算摊铺混合料的平均油石比。

7.4 竣工验收质量标准

同步纤维磨耗层交工验收检测要求见表7-4。

同步纤维磨耗层施工交工验收检验要求 表7-4

项目		质量要求	检验频率	方法
表观质量	外观	表面平整、密实、均匀、松散、无花白料、无轮迹、无划痕	全线连续	目测
	横向接缝	对接平顺	每条	目测
	纵向接缝	宽度小于80mm,不平整小于5mm	全线连续	目测或用3m直尺测量
	边线	任一30m长度范围内的水平波动不得超过±50mm	全线连续	目测或用尺测量

续上表

项　目		质量要求	检验频率	方　法
抗滑性能	摆值(BPN)	≥45	5个点/km	T 0964
	横向力系数	≥54	全线连续	T 0965
	构造深度(mm)	≥0.6	5个点/km	T 0961
厚度(%)		-10	5个点/km	钻孔、挖小坑或其他有效方法
渗水系数(mL/min)		≤10	5个点/km	T 0971

第8章
CHAPTER 8

同步纤维磨耗层的工程应用

预防性养护是系统性工程,涉及养护决策体系、养护措施及实施时机选择及养护技术发展及工程应用。

8.1 预防性养护决策

由于现行《公路技术状况评定标准》(JTG 5210)中的路面结构强度指数(PSSI)、路面状况指数(PCI)和路面行驶质量指数(RQI)三个指标在很多情况下与路面实际病害相关性不高,因而经项目组研究并反复论证后,决定增加破损率(DR)和平整度指数(IRI)两个辅助指标,并作为路段划分的依据。根据旧路检测、评价发现,针对路段 K239+000~K243+000 的 PCI 小于 80、DR 大于 5%、剩余寿命在 8 年以上的这种情况,应对该路段进行预防性养护。

路面预防性养护是一个复杂的系统工程,涉及养护理念、养护方案、养护时机、养护材料与工艺、养护设备等诸多方面。应建立对策库,以在众多常用的预防性养护对策中选取高效、可行的对策。

对策选择是路面预防性养护的关键技术之一,决定着养护措施选择的科学性和合理性。确定预养护路段后,考虑可获得的材料、施工质量、耐久性、养护实施对局部交通干扰、行驶舒适性、抗滑性能、噪声和美观 8 项工程因素,采用价值系数反馈法分别对所有可行的预养护措施进行分析,对比推荐最佳对策方案。

对需要加铺和罩面的路段进行结构加铺设计,解决相应的病害,提高其使用寿命。提出多种可行的加铺方案,利用国内多种设计规范进行加铺厚度设计。

8.1.1 建立预防性养护对策库

预防性养护措施是预防性养护规划实施的手段,是预防性养护对策选择和确定的主体,它直接决定了在特定的路面状况条件下是否有对策可选。目前,国内沥青路面常用的预防性养护措施有同步薄层罩面、稀浆封层、微表处、碎石封层、复合封层、纤维碎石封层、薄热拌沥青混凝土罩面、封缝或灌缝、雾封层、渗透型溶剂封层等技术措施。这些预防性养护措施各自适用于不同的功能性恢复,其优点在于施工简便、工期短,对社会、交通和环境几乎没有影响,并且从长期来看,具有明显的经济性优势。预防性养护对策和时机的确定应遵循一整套科学合理的工作程序,根据国内外预防性养护的经验,预防性养护对策及时机的确定如图8-1所示。

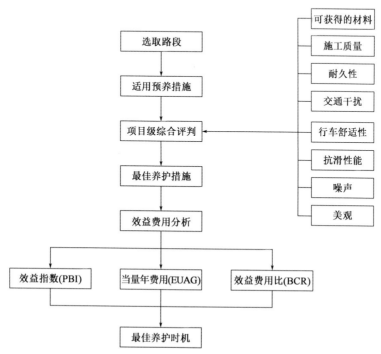

图 8-1 预防性养护对策及时机的确定

路面状况是影响预防性养护对策选择的另一重要因素。发达国家开展预防性养护时间较早,积累了相当多的实践经验,其技术人员选择预防性养护对策时主要依据路面典型病害类型和严重程度条件,损坏量非常少的病害类型则可不作为考虑因素。

通过对国内外预防性养护对策选择的研究可知,预防性养护对策能够处理的路面病害类型包括各种裂缝、车辙、路面不平整、麻面、松散、泛油、沥青老化、磨光、抗滑损失和渗水等,病害损坏程度以轻微或中等为主。因此,在建立沥青路面预防性养护对策库时主要考虑这些路面病害类型。由于某些预防性养护对策也可处理特定严重程度的损坏,因此损坏程度考虑轻、中和重三类。

预防性养护对策库的建立是以沥青混凝土路面典型病害类型及严重程度、交通量为选择依据,充分考虑沥青路面常用预防性养护对策的性能和适用条件。如表8-1所示,对策库是预防性养护对策选择中初步选择预防性养护对策的依据。

高速公路沥青混凝土路面预防性养护对策库　　　　表 8-1

项　目		参　数	预防性养护对策										
			I	II	III	IV	V	VI	VII	VIII	IX	X	XI
年平均日夜通量（AADT）		<1000 辆	●	●	●	●	●	●	●	●	●	●	●
		1000～5000 辆	●	●	●	●	●	●	●	●	●	●	●
		>5000 辆	●	●	●	●	●	●	●	●	●	●	●
路面主导损坏类型及程度	裂缝类	细小裂缝　—	●	●	●	●	●	●	●		●	●	
		纵向裂缝　轻	●	●	●		●		●	●			
		纵向裂缝　中	●			●			●	●			
		纵向裂缝　重							●				
		横向裂缝　轻	●	●	●		●		●	●			
		横向裂缝　中	●			●			●				
		横向裂缝　重	●						●				
		块状裂缝　轻	●	●		●		●	●	●			
		块状裂缝　中	●				●		●	●			
		块状裂缝　重	●										
		疲劳裂缝　轻					●	●		●			
		疲劳裂缝　中				●		●		●			
		疲劳裂缝　重											
		车辙裂缝　<5mm	●	●	●				●				
		车辙裂缝　5～15mm	●	●					●				
		车辙裂缝　15～25mm			●								
	变形类	不平整　轻	●			●	●	●	●				
		不平整　中											
		不平整　重											
	面损坏类	唧浆坑槽　轻	●	●	●	●			●		●	●	●
		唧浆坑槽　中	●	●	●				●		●		●
		唧浆坑槽　重	●						●				●
		老化　轻	●	●	●	●			●				
		老化　中	●				●		●				
		老化　重	●						●				
		泛油　轻	●			●			●				
		泛油　中	●			●			●				

续上表

项目			参数	预防性养护对策										
				Ⅰ	Ⅱ	Ⅲ	Ⅳ	Ⅴ	Ⅵ	Ⅶ	Ⅷ	Ⅸ	Ⅹ	Ⅺ
路面主导损坏类型及程度	面损坏类	泛油	重	●						●				
		磨光	—	●		●	●	●	●	●				
		抗滑损失	—	●	●	●	●	●	●	●				
		路面渗水	—	●								●	●	
		表面磨毛	—	●		●	●	●	●	●				
	其他类	补丁	轻	●		●	●	●	●	●				●
			中	●										●
			重											●

注:1. 对策库中各符号对应的预防性养护对策为:Ⅰ-同步薄层罩面,Ⅱ-稀浆封层,Ⅲ-微表处,Ⅳ-碎石封层,Ⅴ-复合封层,Ⅵ-纤维碎石封层,Ⅶ-薄热拌沥青混凝土罩面,Ⅷ-封缝或灌缝,Ⅸ-雾封层,Ⅹ-渗透型溶剂封层,Ⅺ-冷补料。
2. "●"表示可选对策。

8.1.2 预防性养护对策选取

预防性养护对策确定是路面预防性养护方案的关键环节之一,预防性养护措施的选择要充分考虑路面病害的类型及程度。根据对路面状况的评定结果,初步确定各路段预防性养护措施。

本书设计标准为高速公路,设计行车速度为 80～120km/h。基于对主路路面、桥面的划分,参考预防性特点及养护对策库,选取针对本书预防性养护对策库,包括:稀浆封层、微表处、碎石封层、封缝或灌缝、同步薄层罩面、渗透型溶剂封层、同步纤维磨耗层。

8.1.3 预防性养护对策的确定

预防性养护对策的确定方法是,参考"高速公路沥青路面预防性养护关键技术研究"科技项目成果,在充分考虑预防性养护路段主要病害的基础上,通过等效费用效益分析法及项目级综合评判法对适合预防性养护的路段进行最佳养护措施分析,确定一种最为科学合理的预防性养护措施。

(1) 等效年度费用效益法(EAC)

预防性养护措施费用包括所有与实施预防性养护措施有关的费用,主要包括设计费(含室内试验费)、材料费、施工费(含原路面处理费)和交通管制费等。同一种预防性养护措施应用于不同路况和交通量的公路,由于原路面处理费和所使用的材料可能不同,因而其费用一般也不相同。

依据国内外预防性养护研究结合预防性养护措施工程实施经验,将各类预防性养护措施的单位费用和使用寿命范围进行总结归纳,具体见表8-2。

常用预防性养护措施的单位费用和使用寿命范围　　　　表8-2

序号	预防性养护对策	使用寿命(年)	单位费用(元/m²)
1	同步薄层罩面	3~5	55~65
2	稀浆封层	2~4	18~22
3	微表处	2~4	23~33
4	碎石封层	2~4	13~20
5	复合封层	3~5	28~40
6	纤维碎石封层	2~4	25~38
7	灌缝或封缝	1~2	9~16
8	薄热拌沥青混凝土罩面	3~5	50~60
9	雾封层	1~2	8~14
10	渗透型溶剂封层(如雷诺锋)	2~4	25~30
11	同步纤维磨耗层	3~5	39~45
12	冷补料修复坑槽技术	2~4	25~40

各类预防性养护措施实施的第一步是对旧路病害的处理。针对不同的预防性养护技术和旧路现有技术状况和主要病害类型进行病害处理,如表8-3所示。这部分工作内容及发生的费用应该在预防性养护决策中有所考虑和体现。

预防养护前的病害处理　　　　表8-3

路面主要病害类型	病害程度	预防养护技术								
		雾封层	碎石封层、纤维封层	稀浆封层	微表处	复合封层	薄层罩面	超薄罩面	封层罩面	就地热再生
裂缝类	轻	√	√	△	√	√	√	△	√	√
龟裂	中	△	×	×	×	×	×	×	×	√
	重	×	×	×	×	×	×	×	×	×

续上表

路面主要病害类型		病害程度	预防养护技术								
			雾封层	碎石封层、纤维封层	稀浆封层	微表处	复合封层	薄层罩面	超薄罩面	封层罩面	就地热再生
裂缝类	块状裂缝	轻	√	√	△	√	√	√	△	√	√
		重	×	×	×	×	×	×	×	√	△
	纵向裂缝	轻	√	√	√	√	√	√	√	√	√
		重	×	×	×	×	×	×	×	×	△
	横向裂缝	轻	√	√	√	√	√	√	√	√	√
		重	×	×	×	×	×	×	×	×	△
变形类	车辙	轻	×	×	×	×	×	×	△	×	√
		重	×	×	×	△	×	×	×	×	×
	沉陷、波浪、拥包	轻	×	×	×	×	×	×	×	×	×
		重	×	×	×	×	×	×	×	×	×
表面损坏类	坑槽	轻	×	×	×	×	×	×	×	×	√
		重	×	×	×	×	×	×	×	×	×
	松散	轻	√	√	△	△	√	√	√	√	√
		重	×	×	×	×	×	×	×	×	×
	泛油	轻	×	△	√	√	√	√	√	√	×
		重	×	△	√	√	√	√	√	√	×

注:√-免预处理;△-可预处理;×-需预处理。

针对路段的病害严重程度,本书选取适当的使用寿命及养护费用,计算不同措施的等效年度费用效益(EAC)。一般而言,EAC 越低,预防性养护措施的经济性越好,因此,应优先选择 EAC 较小的预防性养护措施。典型公路养护技术措施的 EAC 见表8-4。

典型公路养护技术措施的 EAC 表8-4

预防性养护措施	单位费用(元/m²)	使用寿命(年)	EAC [元/(m²·年)]
同步薄层罩面	55~65	4	16.25
微表处	23~33	2	16.50
纤维碎石封层	25~38	2	19.00
封缝或灌缝	9~16	1	15.00

续上表

预防性养护措施	单位费用(元/m²)	使用寿命(年)	EAC[元/(m²·年)]
薄热拌沥青混凝土	50~60	3	18.33
渗透型溶剂封层	25~30	1	30.00
同步纤维磨耗层	39~45	3	15.00

通过等效年度费用效益分析的结果显示,同步薄层罩面、同步纤维磨耗层、封缝灌缝具有相对较低的 EAC(修补坑槽技术除外)。

(2)项目级综合评判法

预防性养护措施的选择除了与路面状况、交通等级等基本要求有关,还应考虑与工程条件密切相关的因素(包括可获得的材料、施工质量、耐久性、交通干扰、行驶舒适性、抗滑性能、噪声和美观 8 项)影响,即采用项目级综合评判法选择合适的影响因素,确定每个因素的权重系数和分值范围,然后根据具体工程条件对每个因素进行打分,最后加权得到一个综合评判系数,综合评判系数 K 最大的即为最佳对策方案。

K 值的计算公式如下:

$$K = \sum_{j=1}^{n} C_{ij} W_j \tag{8-1}$$

式中:K——综合评判系数;

C_{ij}——第 i 种待选养护措施针对第 j 种影响因素的特征属性值;

W_j——第 j 种影响因素的权重系数;

n——影响因素的数目。

根据国内外研究成果,各项因素的权重系数见表8-5,当某项因素是需要重点考虑的问题时,取权重系数的上限值,非主要因素权重系数取下限值。例如,某路段平整度较差,抗滑性能良好,则"行驶舒适性"权重可取上限20,"抗滑性"取下限10,并保证所有影响因素权重系数和为100。常用的预养护措施对于各影响因素的特征属性分值范围以及推荐值见表 8-6。

不同等级公路的影响因素权重系数 W_j 表 8-5

影响因素	高等级公路权重系数		普通公路权重系数	
	推荐范围	代表值	推荐范围	代表值
可获得的材料	5~15	10	10~20	15
施工质量	15~25	20	15~25	20
耐久行	10~20	15	5~15	10

续上表

影响因素	高等级公路权重系数		普通公路权重系数	
	推荐范围	代表值	推荐范围	代表值
交通干扰	10~20	15	5~15	10
行驶舒适性	10~20	15	10~20	15
抗滑性能	10~20	15	10~20	15
噪声	0~10	5	5~15	10
美观	0~10	5	0~10	5
合计	—	100	—	100

各常用预养护措施的特征属性分值范围和推荐值　　表 8-6

影响因素	可获得的材料	施工质量	耐久性	交通干扰	行使舒适性	抗滑性	噪声	美观
稀浆封层	3~5(4)	3~5(4)	1~3(2)	3~5(4)	2~4(3)	3~5(4)	3~5(4)	3~5(4)
微表处	3~5(4)	3~5(4)	3~5(4)	4~5(4)	3~5(5)	3~5(5)	2~5(5)	3~5(5)
纤维碎石封层	2~4(4)	1~4(4)	2~5(5)	1~4(4)	2~4(4)	4~5(5)	1~5(5)	3~5(5)
同步薄层罩面	2~4(4)	3~5(5)	4~5(5)	1~5(5)	4~5(4)	4~5(5)	4~5(5)	4~5(5)
封缝或灌缝	3~5(4)	3~5(4)	4~5(2)	1~4(4)	4~5(4)	4~5(2)	4~5(5)	3~5(3)
同步纤维磨耗层	3~5(4)	3~5(5)	3~5(5)	1~(3)	4~5(4)	4~5(5)	4~5(5)	4~5(5)
渗透型溶剂封层	4~5(4)	4~5(4)	4~5(5)	4~5(5)	2~5(5)	1~5(5)	3~5(5)	3~5(5)

注:1. 获得符合质量要求材料的难易程度(5 = 很容易,1 = 很难);
　　2. 施工单位的数量度和经验(5 = 质量很好,1 = 质量很差);
　　3. 预养护措施的使用寿命(5 = 最长,1 = 最短)。

8.2 齐泰高速公路养护工程的应用

8.2.1 齐泰高速公路工程概况

齐泰高速公路是黑龙江省"2736"交通规划的重要组成部分,全长 138.2km。路线起点位于齐齐哈尔东出口,穿越齐齐哈尔市铁锋区、昂溪区和泰来县,跨越嫩江。向南与吉林省连接,打通黑龙江省南下公路大通道,进京里程将缩短200多公里;向西与内蒙古扎莱特旗相通,使内蒙古、黑龙江紧紧相连;向北与已建成的G111国道和绥满公路相接,成为黑龙江省西部公路网的重要组成部分。

齐泰高速公路为双向四车道,路基宽24.5m,设计速度为120km/h。全线设桥梁16座,总长3240m,其中嫩江特大桥全长1432m。

在运营5年后,齐泰高速公路出现了横向裂缝、轻微车辙等病害,整体路况性能良好,部分路段出现了纵向裂缝及网裂等病害,如图8-2所示。由图8-2可看出,由微小裂缝组成的网裂无法通过简单的灌缝处治来进行路面养护,为防止雨水的下渗对道路性能造成的严重影响,急需通过罩面处治养护。

a)微小裂缝无规则分布

b)微小裂缝扩展或网裂

图8-2 旧路状况

根据上文的介绍,针对三类需要进行预养护路段的病害问题,选取适当的权重系数,计算不同养护措施的综合评判系数K,最大值对应的即为最佳预养护措施。各项养护对策的K值计算结果见表8-7。结果显示,同步薄层罩面的得分最高,其次是同步纤维磨耗层和渗透型溶剂封层。

综合评判系数 K 值计算　　　　　　　　表8-7

影响因素	微表处	纤维碎石封层	封缝或灌缝	同步薄层罩面	同步纤维磨耗层	渗透型溶剂封层	试验路段权重
可获得的材料	4	4	4	4	4	4	0.10
施工质量	4	4	4	5	5	4	0.20
耐久性	4	5	2	5	5	5	0.10
交通干扰	4	4	4	5	3	5	0.20

续上表

影响因素	微表处	纤维碎石封层	封缝或灌缝	同步薄层罩面	同步纤维磨耗层	渗透型溶剂封层	试验路段权重
行驶舒适性	5	4	4	4	5	5	0.15
抗滑性能	5	5	2	5	5	5	0.15
噪声	5	5	4	5	5	5	0.05
美观	5	5	3	5	5	5	0.05
齐秦高速公路养护路段 K 值	4.4	4.4	3.35	4.75	4.7	4.7	

本书以效益费用评估法对雾封层、稀浆封层、微表处、同步碎石封层、纤维封层、薄层罩面、沥青再生处治等预养护措施进行养护决策,采用该方法需根据预防性养护前后性能衰变曲线结合管理费用、用户费用及外部费用加以分析,确定预防性养护效益指数(PBI)和当量年度平均费用(EUAC)来计算效益费用比。

综上确定同步纤维磨耗层技术,进行路面罩面处治。同步纤维磨耗层罩面厚度为 0.9cm,由专用机械设备同步洒布 0.3~0.5L/m² 改性乳化沥青黏层油,罩面路段两端在 15m 范围内与原路面高程顺接。本次加铺路段长 4km,同步纤维磨耗层、改性乳化沥青黏层铺筑面积 42000m²。

罩面方案如图 8-3 所示。

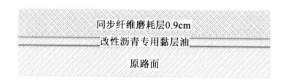

图 8-3 罩面方案

8.2.2 原材料检测及配合比设计

(1)原材料试验

①改性乳化沥青

改性乳化沥青为自主研发并生产的同步纤维磨耗层专用拌合型 SBS 改性乳化沥青,由盘锦 90 号基质沥青、乳化剂、SBS 改性剂、盐酸、稳定剂、表面活性剂和水经胶体磨乳化而成,各项技术性能指标见表 8-8。

拌和型改性乳化沥青试验结果　　　　　　　　　　　　　　表 8-8

试 验 项 目		技 术 要 求	试 验 结 果
1.18mm 筛上剩余量(%)		≤0.1	0.04
粒子电荷		阳离子(+)	阳离子(+)
恩格拉黏度 E_{25}(Pa·s)		3~30	21.3
蒸发残留物含量(%)		≥60	63.5
蒸发残留物性质	针入度(25℃)(0.1mm)	40~100	56
	软化点(℃)	≥55	56.0
	延度(5℃)(cm)	≥20	30
	溶解度(三氯乙烯)(%)	≥97.5	98.3
储存稳定性(%)	1d	≤1	0.5
	5d	≤5	2.9

②矿料

矿料包括粗集料、细集料和填料,粗集料采用玄武岩,细集料采用石灰岩,经抽取代表性矿料试验后结果见表 8-9~表 8-11。

粗集料技术指标试验结果　　　　　　　　　　　　　　表 8-9

试 验 指 标	测 试 结 果		技 术 要 求
	4.75~9.5mm	2.36~4.75mm	
石料压碎值(%)	16.4	—	≤26
洛杉矶磨耗损失(%)	14.3	—	≤28
石料磨光值 BPN	47.3	—	≥42
坚固性(%)	1.2	1.5	≤12
针片状含量(%)	6.2	—	≤15
表观相对密度	2.727	2.741	≥2.6
毛体积相对密度	2.674	2.643	—
吸水率(%)	0.8	1.37	≤2
水洗法<0.075mm 颗粒含量	0.4	0.5	≤1

细集料技术指标试验结果　　　　　　　　　　　　　　表 8-10

试 验 指 标	测试结果	技 术 要 求
坚固性(%)	1.3	≤12
表观相对密度	2.701	≥2.5
毛体积相对密度	2.575	—

填料技术指标试验结果 表8-11

指　　标		测　试　结　果	技　术　要　求
表观相对密度		2.708	≥2.50
粒度范围(%)	<0.6mm	100	100
	<0.15mm	92.3	90~100
	<0.075mm	76.9	75~100
外观		无团粒结块	无团粒结块
亲水系数		0.5	<1
塑性指数(%)		3.2	<4
加热安定性		无明显变化	实测记录

③玻璃纤维

试验路用的玻璃纤维来自山东泰山玻璃纤维厂,抽取代表性样本测试后结果见表8-12。

玻璃纤维测试结果 表8-12

检测项目	测试结果	检测项目	测试结果
拉伸强度(MPa)	3300	弹性模量(GPa)	72
伸长率(%)	3.39	相对密度	2.56
泊松比	0.23	吸收率(%)	0.28
单丝直径(μm)	5~8	莫氏硬度	6.5

由表8-12可知,各项原材料性能均满足技术指标的要求。

(2)混合料级配设计

根据同步纤维磨耗层矿料级配的技术要求,通过调整确定矿料合成级配(表8-13)以及级配曲线(图8-4)。

同步纤维磨耗层矿料合成级配 表8-13

筛孔尺寸(mm)	原材料级配通过率(%)			合成级配(%)	推荐级配范围(%)
	4.75~9.5mm	2.36~4.75mm	0~2.36mm		
9.5	100.0	100.0	100.0	100.0	100
4.75	5.3	88.6	99.8	83.4	80~90
2.36	0.9	25.1	81.5	58.2	50~70

续上表

筛孔尺寸（mm）	原材料级配通过率(%)			合成级配（%）	推荐级配范围（%）
	4.75~9.5mm	2.36~4.75mm	0~2.36mm		
1.18	0.6	10.8	54.4	37.6	28~50
0.6	0.6	5.9	31.9	22.0	19~34
0.3	0.6	2.3	21.2	14.3	12~25
0.15	0.6	1.1	11.8	7.9	7~18
0.075	0.4	0.7	8.7	5.8	5~15

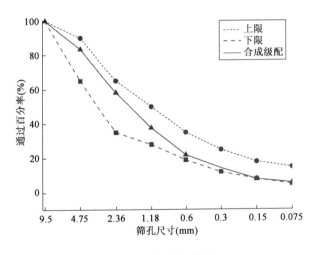

图 8-4　级配曲线图

按照表 8-13 所设计的矿料合成级配，将合成矿料中 <4.75mm 的集料部分进行砂当量检测，检测结果如表 8-14 所示。

合成矿料砂当量检测结果表　　　　表 8-14

项　目	技术要求	检测结果	检测方法
砂当量(%)	≥65	75	T 0334—2005

由表 8-14 可知，混合料级配范围、砂当量均满足技术指标要求。

（3）沥青用量确定

①混合料配方初选

根据经验，采用 7.5% 的油石比，调整纤维和水的用量，对不同配方的纤维沥青混合料进行可拌和时间和黏聚力测试，混合料初选配方如表 8-15 所示。

混合料初选配方(g) 表8-15

编　号	纤维用量	矿料	水
Ⅰ	0.1	100	6
Ⅱ	0.2	100	6
Ⅲ	0.3	100	6
Ⅳ	0.1	100	7
Ⅴ	0.2	100	7
Ⅵ	0.3	100	7
Ⅶ	0.1	100	8
Ⅷ	0.2	100	8
Ⅸ	0.3	100	8

根据纤维磨耗层混合料的技术特点,其可拌和时间和黏聚力的技术要求如表8-16所示,通过试验测试结果可知,9种配方中同时满足技术要求的仅有3种,即配方Ⅴ、Ⅶ和Ⅷ。

不同配方混合料试验结果 表8-16

混合料配方	可拌和时间(s)	黏聚力试验(N·m)	
		30min	60min
Ⅰ	178	0.8	1.9
Ⅱ	133	1.1	2.1
Ⅲ	94	1.3	2.3
Ⅳ	225	1.2	2.2
Ⅴ	192	1.5	2.5
Ⅵ	102	1.7	2.7
Ⅶ	246	1.3	2.3
Ⅷ	205	1.8	2.6
Ⅸ	127	2.1	2.9
技术要求	≥130	≥1.3	≥2.2

②油石比确定

将初选的3个混合料配方分别按不同油石比(6.5%、7%、7.5%、8%)进行混合料性能试验,将不同沥青用量的1h湿轮磨耗值及砂黏附量绘成关系曲线,具体如图8-5～图8-7所示。

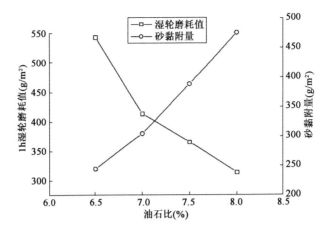

图 8-5　配方Ⅴ混合料沥青用量确定曲线

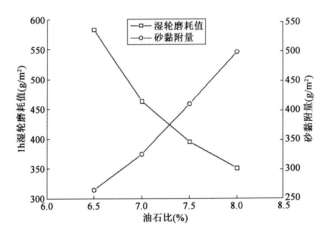

图 8-6　配方Ⅶ混合料沥青用量确定曲线

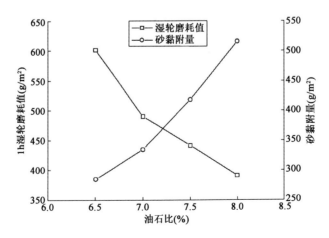

图 8-7　配方Ⅷ混合料沥青用量确定曲线

三种配方的沥青混合料在 6.5%~8% 油石比下 1h 湿轮磨耗值与负荷车轮黏附砂量分别小于 540g/m² 和 450g/m²,均满足规范要求。湿轮磨耗值与负荷车轮黏附砂量值越小,纤维磨耗层的长期耐久性越好,综合以上试验结果,确定配方 Ⅴ 为本次试验的最终配方,最佳油石比为 7%。

8.2.3 同步纤维磨耗层施工及监控

(1) 现场状况

本次试验路施工采用同步纤维磨耗层专用车,同时完成高性能黏层的喷洒及同步纤维磨耗层的施工。

施工前按要求对路面进行清扫与干燥、设备标定及乳化沥青生产与制备,施工过程及施工后的路面状况如图 8-8 所示。

a) 原路面清扫

b) 同步纤维磨耗层作业

图 8-8

c)同步纤维磨耗层施工后效果

图 8-8 试验路施工过程及施工后的路面状况

(2)施工质量检验

施工过程中,对专用黏层乳化沥青及同步纤维磨耗层进行质量抽检,具体见表 8-17、表 8-18。

专用黏层质量抽检结果　　表 8-17

检验指标		抽检位置				技术要求
		K239+300	K240+420	K241+560	K242+950	
蒸发残留物含量(%)		63	64	66	64	≥62.0
赛波特黏度(25℃)(s)		45	47	52	49	20~100
蒸发残留物性质	针入度(25℃,100g,5s)(0.1mm)	67	69	72	74	50~150
	溶解度(%)	99	98	99	98.5	≥97.5
	延度(10℃,5cm/min)(cm)	60	59	61	60	≥40
	10℃弹性恢复(%)	77	80	82	79	≥60
	软化点(℃)	56.1	55.3	55.7	56.2	≥55

同步纤维磨耗层质量抽检结果　　表 8-18

抽检位置	通过下列筛孔(mm)的通过率(%)								油石比(%)
	9.5	4.75	2.36	1.18	0.6	0.3	0.15	0.075	
K239+300	100	86.7	64.3	43.6	22.4	15.3	9.4	7.6	6.7
K240+420	100	88.7	65.2	41.4	20.3	14.6	8.7	8.7	6.8
K241+560	100	87.4	67.1	39.3	19.4	13.7	10.3	8.2	6.7

续上表

抽检位置	通过下列筛孔(mm)的通过率(%)								油石比(%)
	9.5	4.75	2.36	1.18	0.6	0.3	0.15	0.075	
K242+950	100	86.9	65.3	40.5	21.5	14.7	11.4	9.4	6.9
要求上限	100	90	70	50	34	25	18	15	6.7
要求下限	100	70	45	28	19	12	7	5	7.3
允许波动范围	—	±5	±5	±5	±5	±4	±3	±2	±0.3

高性能专用黏层及同步纤维磨耗层的施工质量检验均满足技术指标的要求。

8.2.4 养护路段工程效果

养护路段铺筑完成后,在规定时间内完成现场性能的相关指标检测,结果汇总见表 8-19。同步纤维磨耗层技术应用路段的各项路用性能指标均满足要求。

试验段现场性能检测结果　　表 8-19

检测桩号	检验指标				
	构造深度(mm)	摆值F_b	渗水系(mL/min)	厚度(cm)	横向力系数
K239+150	0.85	48	2	0.86	
K239+360	0.82	51	1	0.87	
K239+580	0.78	56	1	0.87	
K239+720	0.81	49	2	0.85	
K239+840	0.79	53	3	0.89	
K240+172	0.84	48	0	0.86	
K240+370	0.89	52	3	0.85	
K240+590	0.91	55	2	0.86	
K240+750	0.86	58	1	0.88	62
K240+880	0.88	49	2	0.90	
K241+060	0.83	56	3	0.85	
K241+250	0.78	50	0	0.86	
K241+530	0.79	56	3	0.84	
K241+780	0.81	54	3	0.86	
K241+890	0.86	51	2	0.90	
K242+090	0.92	59	1	0.85	

续上表

检测桩号	检验指标				
	构造深度(mm)	摆值 F_b	渗水系(mL/min)	厚度(cm)	横向力系数
K242+210	0.91	61	3	0.87	
K242+450	0.87	62	4	0.89	
K242+570	0.85	57	1	0.85	
K242+860	0.94	56	2	0.83	
K243+060	0.83	58	0	0.86	62
K243+230	0.84	53	2	0.86	
K243+430	0.76	49	3	0.84	
K243+670	0.84	58	3	0.88	
K243+810	0.81	56	2	0.85	
技术要求	≥0.5	≥45	≤10	偏差为10%，即0.81~0.9cm	≥54

8.3 海南省国省干线的应用

8.3.1 实体工程概况

本次施工路段为海南省的国省干线灵文加线 K9+000~K13+000 段，海榆西线 K96+000~K100+000 段、K184+000~K187+500 段、K203+200~K205+200 段、K402+600~K404+600 段，共长 15.5km。东海榆西线均为双向两车道沥青混凝土路面，路面等级为二级。

各路段自建设完成后，已服务使用 4~9 年。各路段整体使用状况良好，但随着使用年限的增加，路段内交通量逐年加大，重载车辆日趋增多，导致现有公路路面发生了较为普遍的浅层轻微性病害。如果维持现状继续使用，其破损病害的发展速度将成级数加快，延后维修将会使维修费用成倍增加。

本次养护路段灵文加线 K9+000~K13+000 段路面结构如图 8-9 所示。

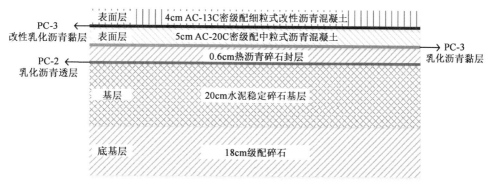

图 8-9　灵文加线 K9+000～K13+000 段路面结构

海榆西线 K96+000～K100+000 段、K184+000～K187+500 段、K203+200～K205+200 段以及 K402+600～K404+600 段的路面结构如图 8-10 所示。

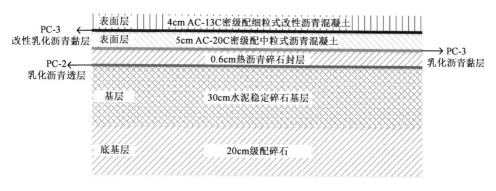

图 8-10　海榆西线路面结构图

在对各路段进行养护决策前,首先针对各路段进行了现场调查及检测。

(1)海榆西线 K96+000～K100+000 维修段落检测结果(表 8-20)

海榆西线 K96+000～K100+000 维修段落检测结果汇总表　　表 8-20

线路名称	起止桩号	技术等级	面层类型	桩　　号	PCI	RQI	RDI
海榆海榆西线	K96+000～K100+000	二级	沥青混凝土	K96+000～K97+000	95.15	95.07	93.19
				K97+000～K98+000	96.96	95.00	94.60
				K98+000～K99+000	97.11	94.75	92.28
				K99+000～K100+000	97.16	94.74	96.52

海榆西线 K96+000～K100+000 段为无中间分隔带的双向两车道,该路段路面主要病害有麻面、修补过的坑槽及裂缝、泛油病害。其中,K96+000～K97+600 主要病害为修补后的裂缝;K96+300、K96+590、K98+650、K99+400、K99+840、K99+870 主要

病害为修补后的坑槽;K98 + 200 ~ K98 + 250、K98 + 640 ~ K98 + 700、K99 + 000 ~ K99 + 250、K99 + 320 ~ K99 + 370 路段主要病害为麻面;K97 + 650、K98 + 650、K99 + 100 ~ K99 + 130、K99 + 600 有泛油。该路段整体平整度较好,坑槽病害较少,路段靠后部分出现少量泛油和麻面,未有严重结构性病害(图 8-11、图 8-12)。

图 8-11　修补坑槽

图 8-12　车辙

(2)海榆西线 K184 + 000 ~ K187 + 500 维修段落检测结果(表 8-21)

海榆西线 K184 + 000 ~ K187 + 500 维修段落检测结果汇总表　　表 8-21

线路名称	起止桩号	技术等级	面层类型	桩　　号	PCI	RQI	RDI
海榆西线	K184 + 000 ~ K187 + 500	二级	沥青混凝土	K184 + 000 ~ K185 + 000	90.20	94.66	95.04
				K185 + 000 ~ K186 + 000	92.66	95.88	91.85
				K186 + 000 ~ K187 + 000	94.81	96.12	93.74
				K187 + 000 ~ K188 + 000	94.45	95.87	95.53

施工前对现场海榆西线 K184 + 000 ~ K87 + 500 段为无中间分隔带的双向两车道,路段存在多处裂缝且已用沥青灌缝处理,路面有少量边角破损,其余沥青路面路段主要病害有修补过的坑槽及裂缝、麻面、拥包、车辙及泛油病害。其中,K184 + 920 ~ K186 + 750 段主要病害为修补过的裂缝;K184 + 380、K186 + 200 主要病害为修补后的坑槽;K184 + 450、K184 + 470 ~ K184 + 920、K185 + 250 ~ K185 + 840 路段出现泛油;K185 + 730 ~ K186 + 490 以及 K186 + 080 ~ K186 + 490、K187 + 400 ~ K187 + 500 段有泛油;K187 + 000 ~ K187 + 400 处有轻微车辙。该路段整体平整度较好,未有严重结构性病害(图 8-13、图 8-14)。

图 8-13 泛油病害

图 8-14 麻面病害

(3)海榆西线 K203+200～K205+200 维修段落检测结果(表 8-22)

K203+200～K205+200 维修段落检测结果汇总表 表 8-22

线路名称	起止桩号	技术等级	面层类型	桩 号	PCI	RQI	RDI
海榆西线	K203+200～K205+200	二级	沥青混凝土	K203+000～K204+000	90.86	91.93	89.16
				K204+000～K205+000	87.10	94.80	95.72
				K205+000～K205+200	92.50	76.56	95.75

对现场实际调查结果如下：

K203+200～K205+200 段为无中间分隔带的双向两车道,路段路面主要病害有修补过的坑槽及裂缝、麻面、推移拥包、车辙及泛油病害。其中,K203+200～K203+470、K204+200～K204+710 主要病害为修补后的裂缝;K203+200～K203+460、K204+040～K204+140、K204+200～K204+970 路段主要病害为麻面;K204+100 处存在有推移拥包,面积大约 $20m^2$;K203+370 处有轻微车辙;该路段整体平整度较好,未有严重结构性病害(图 8-15、图 8-16)。

图 8-15 推移拥包及泛油

图 8-16 麻面病害

(4) 海榆西线 K402+600~K404+600 维修段落检测结果（表8-23）

海榆西线 K402+600~K404+600 维修段落检测结果汇总表　　表8-23

线路名称	起止桩号	技术等级	面层类型	桩　号	PCI	RQI	RDI
海榆西线	K402+600~K404+600	二级	沥青混凝土	K402+000~K403+000	94.85	95.04	96.81
				K403+000~K404+000	97.90	91.76	94.69

对现场实际调查结果如下：

海榆西线 K402+600~K403+310 段为无中间分隔带的双向两车道，K403+310~K403+680 为 3.5m 的三车道，K403+680~K404+600 段为有分隔带的双向四车道，路段路面主要病害有修补过的坑槽及裂缝、麻面病害。修补后的裂缝分布在该路段全线的不同部位，且分布较为连续和密集；K402+950、K403+000、K403+310、上行 K403+640、上行 K403+720、K404+280 存在修补后的坑槽；K402+630~K402+900、K402+950~K403+000、K404+100~K404+600 路段主要病害为麻面；该路段整体平整度较好，未有严重结构性病害（图8-17、图8-18）。

图8-17　裂缝及修补裂缝

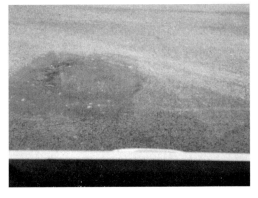

图8-18　坑槽

(5) 灵文加线 K9+000~K13+000 维修段落检测结果（表8-24）

灵文加线 K9+000~K13+000 维修段落检测结果汇总表　　表8-24

线路名称	起止桩号	技术等级	面层类型	桩　号	PCI	RQI	RDI
灵文加线	K9+000~K13+000	二级	沥青混凝土	K9+000~K10+000	95.43	96.38	95.42
				K10+000~K11+000	92.84	94.91	94.30
				K110+001~K2+000	95.92	96.29	93.15
				K12+000~K13+000	93.16	95.79	93.19

对现场实际调查结果如下:

灵文加线 K9+000~K13+000 段主要病害为修复后的横向及纵向裂缝,伴随少量未修复裂缝及修复后继续开裂裂缝,少量沉陷,修补后坑槽及泛油。裂缝较集中部位桩号为 K10+850~K11+220,长度为 370m 左右,泛油集中路段桩号为 K11+500~K11+800,其余部位上下行横向裂缝出现频率较为平均,纵向裂缝出现部位为中央标线两侧。通过调研较为明显的裂缝后发现,整个路段内未修复裂缝与修复裂缝比例为 2∶3 左右,路段中贯穿裂缝 40 余处(图 8-19、图 8-20)。

图 8-19 裂缝

图 8-20 修补坑槽

8.3.2 旧路路面技术检测

根据各路段路面检测结果,检测结论汇总见表 8-25。

各路段路面检测结论汇总表 表 8-25

路线名称	桩号里程	检测结论
海榆西线	K96+000~K100+000	该路段主要病害属于路表油斑及表面破损类病害。路面整体平整度较好,未有严重结构性病害
	K184+000~K187+500	该路段主要病害属于路表油斑及表面破损类病害。路面整体平整度较好,未有严重结构性病害
	K203+200~K205+200	该路段主要病害为表面破损类病害。路面整体平整度较好,未有严重结构性病害
	K402+600~K404+600	该路段路面病害多属于裂缝及修复后的坑槽破损类病害。路面整体平整度较好,未有严重结构性病害
灵文加线	K9+000~K13+000	该路段主要病害属于表面破损类病害。路面整体平整度较好,未有严重结构性病害

海南省经济及旅游业的快速发展,交通量增加迅速,在荷载、材料及自然因素的综合影响下,导致现有局部路段路面出现了轻微病害,管理部门对灵文加线和海榆西线相关路段进行过小修,因此局部路段修补裂缝和修补坑槽较多。经过检测结论分析,东、海榆西线共5条路段未有结构性病害,但表面破损类较多,如不进行养护,病害进一步发展,将影响到道路结构,也会大大增加未来维修成本。因此,该5条路段适合开展路面预防性养护。

8.3.3 旧路路面预防性养护方案

东、海榆西线5条路段采用同步纤维磨耗层,厚度为0.9cm,封层与旧路之间设黏结层,喷洒高渗透性改性乳化沥青,洒布量为$0.2\sim0.3L/m^2$。

8.3.4 工程实施

1)施工设备

同步纤维磨耗层施工主要机械设备配置如表8-26所示。

同步纤维磨耗层施工主要机械设备配置表　　　　表8-26

序号	设 备 名 称	规 格 型 号	数量(台)	技 术 状 况
1	运输车	F3000	8	良好
2	洒水车	东风洒水车	2	良好
3	撒布车	西安达刚	2	良好
4	清扫机	山猫S560	1	良好
5	同步纤维磨耗层车	NS9	2	良好
6	装载机	ZL50-Ⅱ	1	良好
7	乳化沥青车	—	1	良好
8	配料器	ML1600	1	良好
9	发电机组	—	1	良好

2)施工工艺

(1)施工工艺流程图

海南省同步纤维磨耗层预防性养护工程施工工艺流程图如图8-21所示。

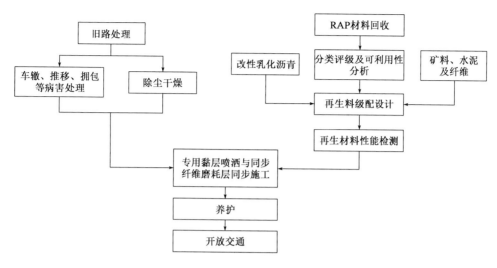

图 8-21 同步纤维磨耗层施工工艺流程图

(2) 施工前准备

① 人员培训

技术人员、试验人员以及现场作业人员完成技术交底,组织技术人员和管理人员进一步熟悉现场,熟悉了解相关文件,编制详细的实施性施工组织设计和各关键工序的作业指导书。进行岗前培训,使其了解施工常识、操作规程、增强质量和安全意识。

② 物资设备准备

按照试验配比选定的材料签定进货合同,进行采备原材料,改性乳化沥青:同步纤维磨耗层采用专用的 PCR、BCR 改性乳化沥青;改性乳化沥青各项技术指标经检测达到施工要求使用。纤维:选用检验合格的喷射无捻粗纱型玻璃纤维。集料:坚硬、洁净、无泥土、无风化、颗粒组成符合要求的机制砂,集料严格控制粉尘小于 0.075mm 的含量,比例不大于 1%。机械:同步纤维磨耗层施工采用专用设备进行施工;施工所用机械设备按照工程需要的先后顺序陆续进场。

③ 路面准备

施工前应先进行路面调查,原路面必须有充足的结构强度。将路面原标线进行铣刨,将裂缝、进行灌缝,将坑槽、拥包、推移等隆起型病害进行局部铣刨预处理(图 8-22、图 8-23),方可实施同步纤维磨耗层罩面施工。

3) 混合料拌和及摊铺

同步纤维磨耗层的混合料是在其专用摊铺机内进行拌和,碎石在料场按照配合比的要求进行过筛,将过筛后的碎石、水泥等组织材料直接运装入专用摊铺机内。

图 8-22　标线铣刨　　　　　　　　图 8-23　路面清扫

将装好料的摊铺机开至施工现场,从施工起点开始,对准施工控制线,放下摊铺箱,调整摊铺箱使其周边与原路面贴紧。

按照生产配合比和现场矿料含水率情况,依次按照配比输出矿料、填料、水、纤维、添加剂和乳液,进行拌和。拌好的混合料流入摊铺箱并分布于摊铺箱适量时,开动摊铺机匀速前进(图 8-24、图 8-25),同时,开动黏层喷洒装置,喷洒黏层油。摊铺速度以保持摊铺箱中混合料体积为摊铺箱体积 1/2 ~ 2/3 左右。

图 8-24　同步纤维磨耗层摊铺

图 8-25　同步纤维磨耗层摊铺后的效果

混合料摊铺后的局部缺陷,及时使用橡胶耙等工具进行人工找平。找平重点是:个别超粒径粗集料产生的纵向刮痕、横纵向接缝等。

当摊铺机内任何一种材料快用完时,立即关闭所有输送材料开关,让搅拌器中的混合料搅拌完,并送入摊铺箱摊铺完后,摊铺机停止前进,提起摊铺箱,将摊铺机移出施工作业面,清洗摊铺箱,施工中不得随意抛弃废物。

4)开放交通

海南省普通国省干线5条路段施工完成后,待同步纤维磨耗层中的乳化沥青破乳、强度形成一段时间,3h后,即开放交通。混合料铺筑后一般不需要压路机碾压。特殊路段需要碾压时,可使用轻型压路机进行碾压。海榆西线K402+600~K404+600重车较多,且有多个如U形转弯带区域,采用6~8t的轮胎压路机,对已经破乳的混合料进行了碾压,使混合料具有更好的封水作用以及抗剪性。

5)标线恢复

(1)施工工序

路面标线施工流程:清理路面→放线→涂底油→烧料→涂料敷设及面撒玻璃微珠→开放交通。

(2)施工方法

①路面清理:人工对路面清扫后使用吹风机吹扫路面,路面清扫必须干净,无尘土。

②放线:距所要施工路段端头50m左右为起点,依据施工图纸,使用车载敷设水线,同时要对车的行进路线及水线位置清除障碍及污物,防止车辆跳动影响水线质量(图8-26)。

图8-26 放线施工

③涂底油:在清扫后的标线工作面上敷设底油。

④烧料:涂料投入热熔釜中,烧至180～220℃,并不断搅拌,使之充分熔化。烧料人员要时刻注意热熔釜上的温度表,同时要使用温度计进行测温,保证熔化涂料温度。

⑤标线敷设和面撒玻璃微珠:底油经过10min左右完全干燥,进行标线敷设,同时撒布玻璃微珠。在实施这一工序前,要用钢卷尺对水线尺寸进行符合,发现水线位置有偏差的地方,及时用线绳进行调整,使标线位置符合设计要求、标线线形顺畅。

(3)标线的施划

①把热熔材料装入热熔壶中均匀加热到适宜温度。

②在清晰的水线的一侧喷涂相对应的底漆,使标线与路面更好地粘牢。

③熔化的热熔材料待底漆表面不粘时,才能放入划线车并加入适当的玻璃珠。

④控制流量,正式施划,在车道分界线及断开处粘贴不易燃烧的胶带纸以便使其段落效果分明,尺寸标准。

⑤清理:在施工过程中,边施划边清理,做到无抛、洒、滴、漏,无污染物,机械设备无漏油漏水现象。施工队伍施划一段标线清理一段路面,保持路面清洁,不污染不损坏,如图8-27所示。

图8-27 标线施工

8.3.5 施工后检测

工程完工后,将5个施工路段分别进行检测评价,以1km作为一个评价路段进行质量检查和验收,不足1km按实际长度进行评定,检查项目、检验频率、质量要求及方法应符合表8-27规定。验收检测如图8-28所示。

同步纤维磨耗层施工交工验收检验要求 表 8-27

检查项目		质量要求	检验频率	方法
表观质量	边线	任一 30m 长度范围内的水平波动不得超过 ±50mm	全线连续	目测或用尺测量
抗滑性能	摆值 BPN	≥45	5 个点/km	JTG E60 T 0964
	构造深度（mm）	≥0.5	5 个点/km	JTG E60 T 0961
厚度		≤ -10%	5 个点/km	附录 B
渗水系数①		≤10mL/min	5 个点/km	JTG E60 T 0971

注：①填补车辙时不需要测量渗水系数。

图 8-28 同步纤维磨耗层交竣工验收检测

根据验收要求规定，对灵文加线 K9+000～K13+000 段、海榆西线 K96+000～K100+000 段、K184+000～K187+500 段、K203+200～K205+200 段、K402+600～K404+600 段进行性能检测，检测结果如表 8-28～表 8-32 所示。

灵文加线 K9+000～K13+000 段性能检测结果 表 8-28

检测桩号	检验指标				
	构造深度（mm）	摆值 BPN	渗水系（mL/min）	厚度（cm）	横向力系数
K9+160	0.65	48	2	0.86	
K9+332	0.62	51	1	0.87	
K9+500	0.58	56	1	0.87	
K9+670	0.61	49	2	0.85	62
K9+830	0.59	53	3	0.89	
K10+155	0.64	48	1	0.86	
K10+320	0.69	52	3	0.85	

续上表

检测桩号	检验指标				
	构造深度(mm)	摆值BPN	渗水系(mL/min)	厚度(cm)	横向力系数
K10+490	0.81	55	2	0.86	
K10+650	0.66	58	1	0.88	
K10+820	0.68	49	2	0.90	
K11+170	0.76	48	2	0.87	
K11+340	0.69	56	3	0.88	
K11+510	0.79	60	1	0.86	
K11+700	0.62	49	1	0.86	62
K11+860	0.82	58	4	0.89	
K12+165	0.78	50	2	0.86	
K12+330	0.76	56	1	0.85	
K12+505	0.56	48	3	0.85	
K12+690	0.61	56	3	0.88	
K12+900	0.79	51	2	0.87	
技术要求	≥0.45	≥45	≤10	−10%	≥54

海榆西线 K96+000 ~ K100+000 段性能检测结果　　表8-29

检测桩号	检验指标				
	构造深度(mm)	摆值BPN	渗水系(mL/min)	厚度(cm)	横向力系数
K96+150	0.83	56	3	0.85	
K96+250	0.78	50	0	0.86	
K96+530	0.79	56	3	0.84	
K96+780	0.81	54	3	0.86	
K96+890	0.86	51	2	0.90	
K97+090	0.92	59	1	0.85	
K97+210	0.91	61	3	0.87	65
K97+450	0.87	62	4	0.89	
K97+570	0.85	57	1	0.85	
K97+860	0.94	56	2	0.83	
K98+060	0.83	58	0	0.86	
K98+230	0.84	53	2	0.86	
K98+430	0.76	49	3	0.84	

续上表

检测桩号	检验指标				
	构造深度（mm）	摆值 BPN	渗水系数（mL/min）	厚度（cm）	横向力系数
K98+670	0.84	58	3	0.88	
K98+810	0.81	56	2	0.85	
K99+090	0.75	50	4	0.87	
K99+210	0.68	57	3	0.85	65
K99+450	0.63	53	4	0.83	
K99+570	0.71	49	1	0.86	
K99+860	0.67	52	2	0.86	
技术要求	≥0.45	≥45	≤10	-10%	≥54

海榆西线 K184+000～K187+500 段性能检测结果　　表 8-30

检测桩号	检验指标				
	构造深度（mm）	摆值 BPN	渗水系数（mL/min）	厚度（cm）	横向力系数
K184+165	0.65	58	3	0.84	
K184+250	0.68	60	2	0.85	
K184+530	0.56	54	2	0.88	
K184+780	0.63	58	2	0.89	
K184+890	0.71	51	3	0.86	
K185+090	0.55	55	1	0.9	
K185+210	0.69	57	3	0.86	
K185+450	0.75	60	4	0.87	
K185+570	0.80	57	2	0.89	67
K185+860	0.72	19	4	0.86	
K186+060	0.66	52	4	0.85	
K186+230	0.75	47	3	084	
K186+430	0.75	51	2	0.87	
K186+670	0.64	53	2	0.87	
K186+810	0.79	59	0	0.86	
K187+090	0.67	55	1	0.89	
K187+210	0.72	49	1	0.88	
技术要求	≥0.45	≥45	≤10	-10%	≥54

海榆西线 K203+200~K205+200 段性能检测结果   表 8-31

检测桩号	检 验 指 标				
	构造深度（mm）	摆值 BPN	渗水系数（mL/min）	厚度（cm）	横向力系数
K203+350	0.60	56	2	0.83	63
K203+560	0.56	57	2	0.86	
K203+710	0.80	60	3	0.89	
K203+870	0.75	53	1	0.85	
K204+030	0.62	59	3	0.89	
K204+260	0.74	55	3	0.87	
K204+430	0.82	57	2	0.85	
K204+610	0.59	50	1	0.86	
K204+780	0.73	59	1	0.90	
K205+000	0.78	60	3	0.88	
技术要求	≥0.45	≥45	≤10	-10%	≥54

海榆西线 K402+600~K404+600 段性能检测结果   表 8-32

检测桩号	检 验 指 标				
	构造深度（mm）	摆值 BPN	渗水系数（mL/min）	厚度（cm）	横向力系数
K402+780	0.65	48	2	0.86	62
K402+950	0.62	51	1	0.87	
K403+106	0.58	56	1	0.87	
K403+270	0.61	49	2	0.85	
K403+450	0.59	53	3	0.89	
K403+760	0.64	48	1	0.86	
K403+926	0.69	52	3	0.85	
K404+092	0.81	55	2	0.86	
K404+258	0.66	58	1	0.88	
K404+424	0.68	49	2	0.90	
技术要求	≥0.45	≥45	≤10	-10%	≥54

由表 8-28~表 8-32 可知,本次在海南省灵文加线以及海榆西线进行的同步纤维磨耗层施工各项路用性能指标均符合要求,施工后路面外观及整体质量均有不同程度的改

善,同时也延缓了原路面病害的进一步发展。

8.3.6 过程应用总结与心得

同步纤维磨耗层作为一种路面预防性养护技术,是采用专用设备并可以同时喷洒乳化沥青黏结料、摊铺拌和玻璃纤维的同步纤维磨耗稀浆混合料形成磨耗层的一种新型快速养护技术。其融合同步薄层罩面技术与微表处两种技术的优点,可以有效地提高路面使用性能,并延长使用寿命。

在本次同步纤维磨耗层摊铺过程中,严格按照设计标准施工,原材料严格把关,对于砂当量不合格的集料坚决不用,对每次生产出来的改性乳化沥青进行严格把关,保证原材料的合格,根据实际情况合理地调整级配及油石比。本次施工的效果是非常理想的,尚存在着一些工程质量提升空间,主要有以下几点。

(1)对于重车较多并有U形转弯带的道路,应延长开放交通时间,并在路面凝固后,采用6~8t轮胎压路机进行碾压,固定集料,防止大车转弯时对路面形成的较大剪切力破坏路面。

(2)本次施工采用的摊铺机的最小摊铺宽度为2.5m,最大摊铺宽度为4.5m。在平交口以及转弯路段,由于局部路面宽度增加,因此施工过程中出现了部分重叠现象,导致施工后局部路面留下了施工纵缝高差。在平交口以及转弯路段摊铺时,应提前测量路面宽度,对摊铺机的摊铺宽度予以调整。

(3)路面准备工作一定要做到位,对于病害要处理完整,所有裂缝都必须进行灌缝处治,拥包病害无论大小均应挖补,防止同步纤维磨耗层施工后形成反射裂缝或拥包。

(4)施工时,当第二天接着前天施工未完的车道继续摊铺时,需控制摊铺厚度,可以在昨天摊铺的路面上,距离昨天摊铺的末端10~20m左右,从薄到厚开始摊铺,防止施工后留下横缝高差。如果出现高差,需对高差进行人工处理,并用细料拌和,予以修补。

(5)严格把控碎石的筛分,有的碎石横向直径较小,但纵向长,这种碎石一般可以通过筛分,但不符合施工组织材料要求,需予以剔除。在施工过程中要安排人员仔细跟着摊铺机观察摊铺后的路面,发现此类碎石,剔除后采用橡胶耙、铁锹等工具进行人工找平。

(6)同步纤维磨耗层摊铺时应注意摊铺时出料口是否具有较大的抖动,较大的抖动会导致摊铺后的路面呈波纹状,应检查摊铺机出料口或者在路面凝固后,采用小型压路机进行碾压,平整路面。

8.4 工程效益分析

8.4.1 经济效益分析

同步纤维磨耗层技术作为一种最新的道路养护技术,克服了其他养护措施的局限,具有良好的力学和使用性能。同步纤维磨耗层比普通微表处增加的成本主要为纤维的增加、喷洒型乳化沥青的增加,其中纤维的单价为9000元/t,喷洒型乳化沥青4400元/t,其中每平米增加的喷洒沥青成本为:$4400/1000 \times 0.3 = 1.32$元,增加的纤维成本为4.05元,目前微表处市场价格为 23~33 元/m^2,同步纤维磨耗层的价格约为 35~39 元/m^2。虽然增加了成本,但却提高路面的抗滑性、抗车辙能力等,并增加了罩面的使用寿命,具有很好的经济效益。

等效年度费用法(EAC)由于方法简单而被广泛采用。EAC 的计算方法如下:

$$EAC = 单位成本/期望年限 \tag{8-2}$$

针对本项目路段的病害严重程度,选取适当的使用寿命及养护费用,计算不同措施的 EAC。一般而言,EAC 越低,预防性养护措施的经济性越好,因此,应优先选择 EAC 较小的预防性养护措施。本项目等效年度费用效益见表 8-33。

等效年度费用效益 表 8-33

预防性养护措施	单位费用(元/m^2)	使用寿命(年)	EAC[元/(m^2·年)]
同步薄层罩面	55~65	3~5	16.9
微表处	23~33	2~3	19.8
同步纤维磨耗层	35~39	3~5	16.1

注:计算时单位费用和使用寿命(年)均取中值。

通过等效年度费用效益分析的结果显示,EAC 值由小到大的顺序是:同步纤维磨耗层、同步薄层罩面、微表处。

由此可见,虽然同步纤维磨耗层增加了成本,但其 EAC 值较低,经济性更好,且提高路面的抗滑性、抗车辙能力,使得路面行车安全性大大提高,并增加了罩面的使用寿命,具有很好的经济效益。

就养护结果来看,同步纤维磨耗层的平整性和泌水性更好。利用同步纤维磨耗层技术对道路进行养护维修,可以使有限的养护经费得到更合理的分配,经济效益显著,带来良好的社会影响和社会经济效益。

8.4.2 社会效益分析

同步纤维磨耗层与传统养护技术相比具有更高的耐磨性、黏附性和稳定性,并在实际施工中,同步纤维磨耗层依托专用的施工设备和改良的施工工艺,与传统的养护技术的施工相比,施工更加高效快捷,施工季节更加宽泛,施工更加安全、节能、环保,具有极好的社会效益,具体分析如下。

(1)施工方便,安全。同步纤维磨耗层像普通微表处一样在常温下施工,不需要加热,节约能源,且其施工具有交通管制时间短、迅速开放交通等优点,特别适用于交通量比较大的路面养护。

(2)提高使用寿命、节约养护工程投资。通过在路面定期实行同步纤维磨耗层,可避免因路面损坏而产生的大量大中修养护费用,延长路面使用寿命,节约大量养护经费。

(3)提高安全保障,减少安全事故损失。同步纤维磨耗层技术能有效提升路面的抗滑能力、抗车辙能力,从而使道路运营安全得到有效保障。

(4)绿色环保,节约资源,对环境的污染降低。同步纤维磨耗层采用改性乳化沥青,而改性乳化沥青以水为溶剂,环保安全,对环境的污染也有所降低。相对热沥青而言,改性乳化沥青呈流动态,施工时可以更加准确地控制沥青用量,节省原材料。

本书以齐泰高速公路和海南省的国省干线灵文加线,及海榆西线为依托工程,从原材料检测、配合比设计到施工质量检测对同步纤维磨耗层施工进行了系统的介绍。通过对同步纤维磨耗层混合料的配方优化、专用黏层生产控制、施工过程抽检等各阶段控制,试验段同步纤维磨耗层与高性能专用黏层铺筑后效果良好,路面各项性能满足规范要求,大大改善了旧路状况。与普通微表处相比,同步纤维磨耗层成本虽然有所增加,却大大提高路面的抗滑性、抗车辙能力,具有很好的经济效益。此外,同步纤维磨耗层施工方便,节约能源,能提高使用寿命、节约养护工程投资,同时提高安全保障,减少安全事故损失,具有显著的社会效益。

参 考 文 献

[1] 贾非,齐辉,侯芸.沥青混凝土路面预防性养护技术研究[J].公路,2012,(5).

[2] 侯芸,董元帅.基于层次分析的高等级沥青路面养护决策研究[J].内蒙古公路与运输,2015,(5).

[3] 李锋,严金海,朱浩然,等.效益费用评估在预防性养护工程中的应用研究[J].中外公路,2015,35(6).

[4] 交通部公路科学研究院.微表处和稀浆封层技术指南[M].北京:人民交通出版社,2012.

[5] 侯芸,肖利明,王宝奎,等.同步纤维磨耗层技术简介[J].公路交通科技(应用技术版),2014,(12).

[6] 中华人民共和国交通部.公路沥青路面施工技术规范:JTG F40—2004[S].北京:人民交通出版社,2004.

[7] 王志科.公路沥青路面预防性养护技术应用研究[J].施工技术,2015,4(44).

[8] 刘好.超薄磨耗层沥青混合料性能对比研究[D].西安:长安大学,2011.

[9] 杜隽.纤维封层应用技术研究[D].大连:大连理工大学,2009.

[10] 侯芸,董元帅,张艳红.同步纤维磨耗层技术在黑龙江地区的应用研究[R].北京:中咨公路养护检测技术有限公司,2016.

[11] 李荫国,李桂芝.对微表处用原材料选用及技术要求的建议[J].石油沥青,2004,12.

[12] 李素贤.甘肃地区纤维微表处的适用性研究[D].西安:长安大学,2009.

[13] American Association of State Highway and Transportation Officials. Guide for design of pavement structure:AASHTO GDPS-1993[S]. Washington,D.C.: American Associa-

tion of State Highway and Transportation Officials,1993.

[14] International Slurry Surfacing Association. Recommended Performance Guidelines for e-mulsified asphalt slurry seal surfaces:ISSA-A105[S]. International Slurry Surfacing Association,1998.

[15] International Slurry Surfacing Association. Recommended Performance Guidelines for Micro-Surfacing:ISSA-A143[S]. International Slurry Surfacing Association,2000.

[16] 安希杰,高二利,海梅.纤维微表处应用于旧路养护的适应性研究[J].公路工程,2014(5):256-259,273.

[17] 姚晓光,张争奇,罗要飞,等.间断级配纤维微表处性能及指标研究[J].中南大学学报(自然科学版),2016,47(09):3264-3272.

[18] 张争奇,姚晓光,罗要飞.间断级配纤维微表处路用性能[J].北京工业大学学报,2015,41(06):890-898.

[19] 张争奇,姚晓光,罗要飞.基于维微表处摊铺机的加铺层效益分析[J].武汉大学学报(工学版),2015,48(04):520-525.

[20] 孙增智,薛博,陈华鑫.纤维微表处路用性能的影响因素[J].筑路机械与施工机械化,2019,36(03):56-61.

[21] 曹炜,王世昌,商德望,等.纤维微表处技术在京港澳高速沥青路面预防性养护中的应用[J].山东交通科技,2020(05):1-5,9.

[22] 闵泓毅,时成林,来守义,等.玄武岩纤维微表处纤维掺量研究[J].山西建筑,2021,47(06).

[23] 辽宁省质量技术监督局.超薄磨耗层设计与施工技术规范[M].北京:人民交通出版社,2012.

[24] 高祺.热拌薄层罩面在江苏省干线公路预防性养护中的应用研究[D].南京:东南大学,2009.

[25] 佟军华.同步碎石封层技术研究[D].大连:大连理工大学,2006.

[26] 苏霍然.复式加筋微表处混合料性能试验研究及应用[D].石家庄:河北工业大学,2011.

[27] 王振军.超薄沥青混凝土磨耗层技术研究[D].西安:长安大学,2011.

[28] 费杰.冷拌冷铺沥青混合料在路面修补中的应用研究[D].西安:长安大学,2009.

［29］ 温立影.超薄磨耗层高性能改性乳化沥青粘层材料开发研究［D］.西安:长安大学,2011.

［30］ 崔莹.聚合物改性乳化沥青的制备及路面养护的应用［D］.长沙:长沙理工大学,2013.

［31］ 王悦.新型乳化沥青混合料及修补技术研究［D］.西安:长安大学,2011.

［32］ 叶乾路.乳化沥青混合料冷态修补技术研究［D］.南京:东南大学,2004.

［33］ 冯雷雷.改性乳化沥青的制备及性能［D］.西安:西北大学,2009.

［34］ 罗俊强.广东省高速公路沥青磨耗层选型原则与应用技术研究［D］.广州:华南理工大学,2005.

［35］ 冯伯华.化学工程手册［M］.北京:化学工业出版社,1989.

［36］ 徐达,陆锦荣.专用汽车工作装置原理与设计计算［M］.北京:北京理工大学出版社,2002.

［37］ 何挺继,朱文天,邓世新.筑路机械手册［M］.北京:人民交通出版社,1998.

［38］ 张铁,张旭民,党国忠.高速公路养护机械［M］.北京:石油大学出版社2003.

［39］ 徐灏.机械设计手册［M］.北京:机械工业出版社,2004.

［40］ 杨黎明.机械零件设计手册［M］.北京:国防工业出版社,1986.

［41］ 宋学义.袖珍液压气动手册［M］.北京:机械工业出版社,1995.

［42］ AASHTO (American Association of State Highway and Transportation Officials). Guide for design of pavement structures［J］.1993.

［43］ ISSA A.105 Recommended Performance Guideline for Emulsified Asphalt Slurry Seal［J］. International slurry surfacing association,1998.

［44］ ISSA A.143 Recommended Performance Guidelines for Micro Surfacing［J］. International Slurry Surfacing Association,2000.

［45］ 丁武洋,倪玮,刘强.高性能超薄磨耗层Novachip应用关键技术探析［J］.上海公路,2011.

［46］ 谭忆秋,姚李,王海朋,等.超薄磨耗层沥青混合料评价指标［J］.哈尔滨工业大学学报,2012.

［47］ 陈宇,卢孝益.NovaChip改性超薄磨耗层技术在公路路面大中修工程中的应用［J］.公路,2011.

［48］ Cooper Jr S B,Mohammad. Novachip Surface Treatment:Six Year Evaluation［J］.

Louisiana Transportation Research Center,Technical Assistance Report,2004.

[49] 董强柱.同步碎石封层施工技术研究[D].西安:长安大学,2009.

[50] 孙健,振东.RP600S 型沥青同步洒布摊铺机[J].工程机械,2010.

[51] 施向东,陈先华,高见,等.薄层罩面级配特征与适用性分析[J].中外公路,2021,41.

[52] 陈俊,彭彬,黄晓明.微表处路面使用状况调查与分析[J].公路交通科技,2007.

[53] 孙增智,薛博,陈华鑫.纤维微表处路用性能的影响因素[J].筑路机械与施工机械化,2019.

[54] 马建,孙守增,芮海田,等.中国筑路机械学术研究综述·2018[J].中国公路学报,2018,31(06):1-164.